いますぐ遺言書を書きなさい

大瀧靖峰

マイナビ新書

はじめに

現代の超高齢化社会の中で生きていれば、他人の相続紛争を見聞きすることは増えていくと思います。実際にも、相続紛争は年を経るにしたがって必ず増えていくはずです。ますます遺言書を書く必要性は高まっています。

いまの世の中、遺言書を書かないことによってラクをすることができた気になるのは、はっきり言って自分だけです。

自分が死んだ後、残された家族が争わないように、また相続財産の配分をコントロールしたり、どこかに寄付をしたりなども含め、自分の思いを実現するためには、遺言書が必要です。誰だって、自分が死んだ後、残された家族がモメている事態なんて想像すらしたくないはずです。

家族を持った人、資産を持った人の中でなんらかの保険に入っていない、という人は少ないのではないでしょうか？　遺言書は保険と同じ、自分が亡くなる前に家族に贈っておくべきラブレターのようなものです。

そのため、本書では、自分が死ぬ前に、いわば「戦わずして勝つ」ための戦略の1つとしての遺言書について書きました。

第1章では、遺言書とは何か？　いますぐ遺言書を書かないといけない理由について解説します。第2章では、弁護士の立場から見た、遺言書がなかったことによって紛争が起こった例を紹介します。第3章では、相続争いの原因になる介護での遺言書の果たす役割、第4章では、遺言書がないために遺産分割調停となった場合の例などを解説します。

第5章では遺言書があったことによって争わずに済んだ例、第6章では、効果のある遺言書と効果のない遺言書の分かれ目について解説します。

そして、第7章では、遺言書自体について詳しく解説します。遺言書の主な種類としては、自分で書く自筆証書遺言と公証役場で作成する公正証書遺言があります。それぞれの遺言書の作成についても触れますが、自筆証書遺言はリスクが高いため、本書では公正証書遺言での作成をお勧めします。

これでひととおり遺言書についての解説は終了ですが、最後に、約40年ぶりに改正された「相続法」について補足して、本書の解説を終えたいと思います。1人でも多くの方が本書を手に取り、自分の死後、あの世から、残された家族の爽やかな財産承継（爽続）を目撃して欲しいと思います！

自分の配偶者、子などに明るい未来を残すためにも、いますぐ遺言書を書いて欲しいのです。資産が多いか少ないかは関係ありません。また、家族がいるかいないか、家族が多いか少ないか、家族の仲が良いか悪いかも関係ありません。

残された家族のためにも、自分が安心して死ぬことができるようになるためにも、いますぐ遺言書を書きましょう。大事なことなので、繰り返します。いますぐ遺言書を書きなさい。

いますぐ遺言書を書きなさい

目次

第2章　弁護士は見た！　遺言書がなかったことによる悲劇

第3章　相続争いの原因になる介護

第4章　相続できない！　はじまらない調停

第7章 遺言書はいつ書くの？　いまでしょ！ではどうやって書くの？

第8章　改正相続法の要点

第1章

あなたがいますぐ遺言書を書かないといけない理由

明るい未来のための遺言

あなたは事故や怪我、重い病気などに遭遇しても、絶対に死なない自信がありますか？　または、火事や地震、噴火、津波などに遭遇しても死なない自信がありますか？　自信のある人以外は、いますぐ遺言書を書いてください。

しかし、おそらく多くの人は、このように言われても遺言書を書こうとは思わないと思います。

きっと、「うちは財産があまりないから争いになんてならないよ」とか、「家族が少ないし、仲が良いから争いになんかならないよ」とか、「そもそも、どのように書いたらいいものなのか分からないし」などと、遺言書は書いた方がいいことは何となく分かってはいても、あれこれ理由を付けて、書くのを先延ばしにしているのではないでしょうか。

しかし、いざ遺言書を残しておかなければいけない状況になった場合、直ちに亡くなる病気ではないにしても、入院、治療、手術や死自体への恐怖から、その時になったら落ち着いて遺言書を書ける状況ではないかもしれません。

また、詳しくは本書の中で解説しますが、遺言書を書くためのルールや資料が必要で、いざという時に正しい遺言書が書けないかもしれません。

そして、遺言書がないと、残された家族が骨肉の争いに巻き込まれることにもなりかねません。一方で、遺言書があれば、遺産を分割するための協議をする必要すらなくなるのです。遺言書を書くことは、あらかじめ紛争の芽を摘んでいることになります。

遺言書を作成している人はまだまだ少ない

もともと分けなければならない資産の多い資産家の人でも、遺言書を作成している人の割合というのは意外に少ないです。

公正証書遺言作成件数

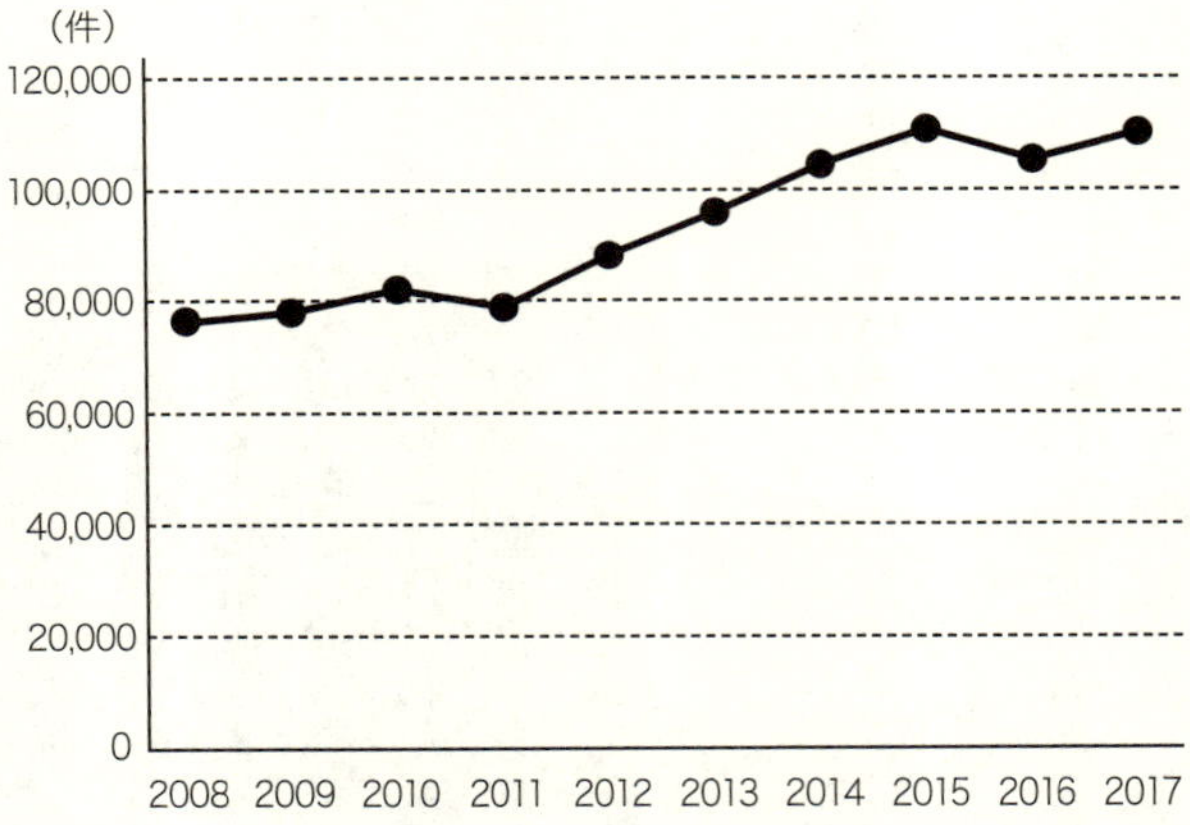

※日本公証人連合会調べ

これには、後述しますが「公正証書遺言」を作成するには費用がかかる、手間がかかるなどの理由が多く挙げられます。

実際に全国で作成された公正証書遺言の作成件数の推移ですが、過去10年で1・5倍と増加傾向にはあるものの、まだまだ作成件数は少ない状況です。日本における年間死亡者数約130万人に対し、公正証書遺言の作成数は10万件をようやく超えたところで、公正証書遺言の作成率は1割を切っています。

あなたが遺言を書くべき理由

本書の冒頭より、いますぐ遺言を書きなさい！　と言い続けていますが、遺言書を書くことによって、いったい何をすることができるのでしょうか。

その質問に対する回答として、遺言書を書くべき4つのメリットについて、詳しく書いてみます。

①親族による骨肉の争いを避ける

遺言書があることによって、親族による骨肉の争いを避けることについては、本書でたくさんの事例を用意して解説しますので、この本を読めばご理解いただけると思います。

②遺産分割の手間を省く

それぞれの相続人に具体的に遺産を分ける、「遺産分割」の手間を省くことができます。遺言書がないと残された親族は、祖父の代まで遡ったうえで、すべての戸籍を取得しなければなりません。戸籍に登場するすべての人物の親族関係を把握し、他に相続人がいないことを証明する必要があるためです。

遺言書がないと、たとえば父の死後に、銀行口座の払い戻しに行っても、「遺産分割（の紙に記入）をしてください」などと言われて、払い戻しには応じてもらえません。葬式費用すら下ろすこともできません。

夫のお金に頼って生活していた妻子などがいる場合には、生活費にも困る状況となります。残された親族全員で話し合って、遺産の配分を決める遺産分割協議書を作成しなければ（もちろん実印と印鑑証明書が必要です）、不動産の相続登記をすることもできません。

本書を読まれている人の中には、親兄弟しか家族がいなくて、しかも財産があまりないから「遺言書を書かなくてもいいのではないか」と思う人もいるかもしれません。たとえば1人暮らしで結婚していない男性などです。

しかし、1円でも財産があれば、法定相続人は遺産分割をしなければならなくなります。万一、親よりあなたが早く亡くなった場合、年老いた親がよく分からない遺産分割協議をするのは、けっこう大変だったりもします。その遺産分割協議の手間を省いてあげるためにも、遺言は必要となります。

③故人の思いを伝える

故人の思いを伝えることについては、たとえばこのような文章になります。

「花子には、とても世話になった。楽しく生きることができて、良い人生だった。花子の生活を保障したいので、多めに財産を振り分けた。一郎と春子は、母さんを支えてやって欲しい」

これこそ、まさに、故人の思いを伝えることなのです。これを見た遺族は、お父さんがこういう気持ちだったのかという思いを持つようになるので、自然と相続紛争は減るものと思われます。

④財産配分をコントロールする

財産配分のコントロールについては、複雑な親族関係がなくても紛争は生じるものですが、複雑な親族関係がある場合には、特に紛争が生じる可能性は高いかもしれません。

たとえば、再婚をしていて、現在の妻にも先妻にも子どもがいて、法定相続分（法律で決まった相続する割合の目安）とは異なる相続をさせたい場合には、遺言で相続分や財産の分割方法を指定しておく必要があります。

法律上の夫婦外で生まれ、認知した子がいる場合で、法定相続分とは異なる相続をさせたい場合にも、遺言で相続分や財産の分割方法を指定しておきます。認知していない子がいる場合には、生前に認知できなかった子を遺言で認知すれば、子どもは相続権を取得することができます。胎児であっても、認知できます。

また、内縁関係（いわゆる事実婚）の相手に財産を譲りたい場合には、内縁関係（法律上の婚姻関係にない）の相手に相続権はないので、遺言が必要です。

相続人が誰もいない場合には、財産は国庫へ帰属してしまいますが、特定の人や団体に遺贈（遺言により財産を特定の者に残すこと）したいとか、寄付をしたいなどの時は、財産の処分の仕方を遺言で決めておくことができます。

息子の妻に特に世話になった場合など、特に世話になった知人などに財産を贈りたい場合や、相続人ではない孫や兄弟がいて、譲りたい場合にも遺言が必要です。子を飛び越えて孫に遺贈したい人は、結構いるのではないでしょうか。

あとは家業の後継者を指定したい場合などにも遺言は有効です。後継者を指定し、その人が経営の基盤となる土地や店舗、工場、農地、同族会社の株式などを相続できるようにしておく必要があります。

相続は遺産が少ない方が揉める傾向にある

あなたが遺言を書くべき理由について解説しましたが、言ってしまえば「相続で揉めない」ためと言っても過言ではありません。実際に、日本財団による「遺言書に関する調査」によれば、遺言作成の理由は圧倒的に「相続争いを避けるため」となっています。

実は、どちらかと言うと、遺産が少ないほど相続は揉める傾向にあります。2017年度の、家庭裁判所で調停の成立した遺産分割事件での相続財産額を見ると、1000万円以下が全体の約32％、1000万円超～5000万円以下が全体の約44％です。

結局、5000万円以下だと、合計で76％を占めます。つまり、先ほども言いましたが、相続財産が少ない方が揉める傾向にあるのです。

「お金がないからうちは揉めない」などと思っているあなたは、いますぐ遺言を

遺産分割の実態
（遺産総額別遺産分割事件の内、容認・調停が成立した件数）

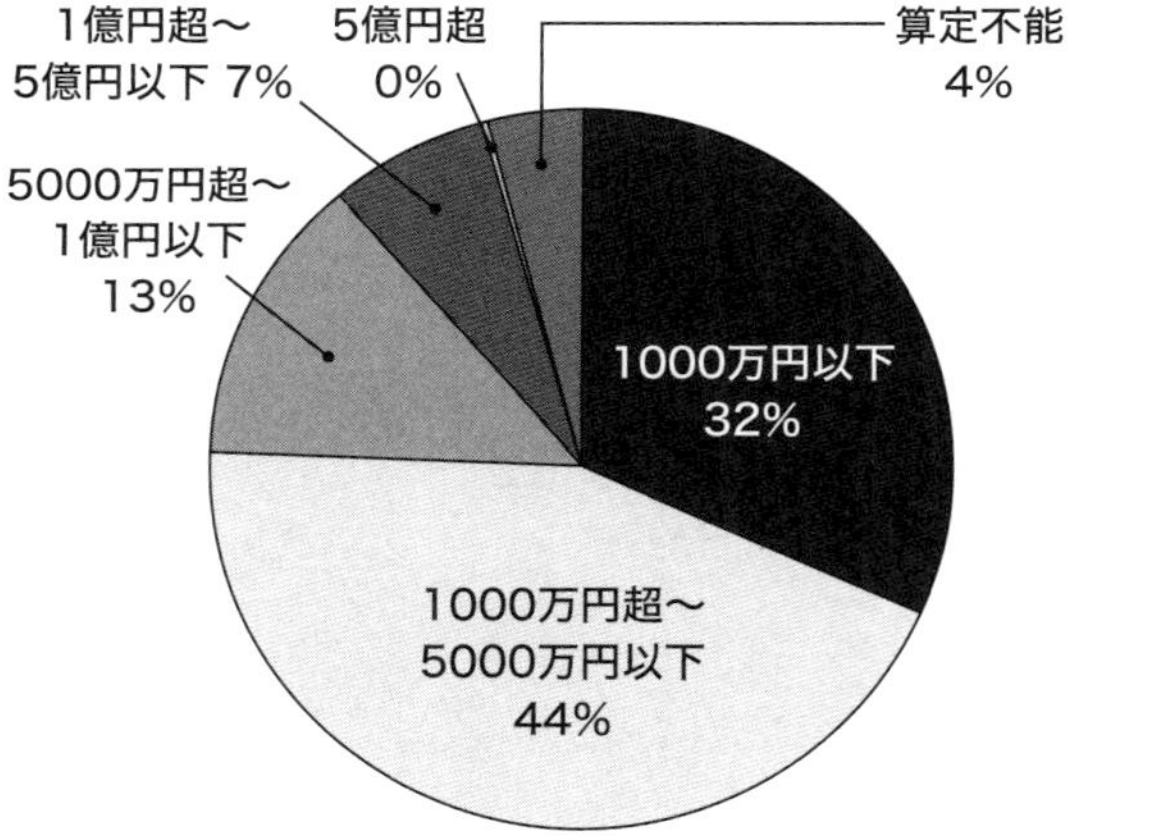

出典：裁判所「司法統計年報（家事事件編）平成 27 年度」

書いてください。あなたのせいで、あなたが亡くなった後、相続人は揉めてしまうことになります。

相続の基礎知識「相続人」

では、ご存じの人も多いかもしれませんが、遺言書を書く際に必要な知識として、相続について解説しておきたいと思います。少し難しい内容が続きますが、誰でも遺産を相続する機会が訪れますし、「遺言書」を書くために必須の知識なので、これを機会に詳しくなってください。

言わば〝人と人との関係を規律する法律〟である「民法」は、「総則」「物権」「債権」「親族」「相続」の5編から構成されています。この「相続」について定めた第5編の条文を総称して相続法と言ったりもします。

この相続法が２０１８年７月６日に約40年ぶりに改正されたことについては、第８章で詳しく解説します。

相続において、亡くなった人を「被相続人」と言い、亡くなった被相続人の財産を受け取ることのできる権利があると民法（相続法）で定められている人を「法定相続人」と言います。相続人は、配偶者（夫や妻）や子どもなどの親族です。法定相続人の範囲も民法（相続法）で定められています。

大雑把に言えば、誰かが亡くなると、多かれ少なかれ必ず相続が発生します。ただし、全く相続人がおらず、誰かに遺産をあげるような遺言もない場合には、死亡した人の遺産は国の財産となります。これを「国庫に帰属する」と言います。

相続については、民法上、次のようなルールがあります。

①配偶者（妻か夫）がいれば、常に相続人となります。
②以下の人のうち、順位の高い人が相続人となります。同順位の場合は、同順位内で頭割りします。

第1順位　**子**（死亡している場合は、さらにその子ども＝孫）

直系卑属《ちょっけいひぞく》と呼ばれます。子には、養子や非嫡出子（婚姻関係のない男女の間に生まれた子）、胎児も含まれます。子が亡くなっている場合には孫が相続人となり、孫がなくなっている場合にはひ孫が相続人となります。亡くなった相続人に代わって子が相続することを「代襲」と呼びます。

第2順位　**親**（死亡している場合は、さらにその親＝祖父母）

直系尊属《ちょっけいそんぞく》と呼ばれます。第1順位の相続人がいない場合には、この第2順位と呼ばれる、被相続人の両親、祖父母などが相続人になります。被相続人に近い世代から相続人になるため、両親が亡くなっている場合は、祖父母が相続人となります。

第3順位　**兄弟姉妹**（死亡している場合は、さらにその子＝甥・姪まで）

第2順位にも該当者がいない場合には、第3順位である被相続人の兄弟姉妹が相続人となります。兄弟姉妹が亡くなっている場合は、その分について被相続人の甥・姪が相続の対象者となります。第3順位は、甥と姪までに制限されており、甥・姪より下の世代は該当しません。

③離婚した元配偶者は相続人に該当しませんが、元配偶者との間に生まれた子は相続人になります。また、非嫡出子（法律上の夫婦でない男女から生まれた子）は父親が認知した後に法的な父子関係が生じるために、非嫡出子が相続人となるには認知が必要になります。長男の妻など、子の配偶者は法定相続人ではありません。

たとえば、死亡した人に、妻と子ども2人とがいた場合、妻が2分の1を相続

遺産相続順位

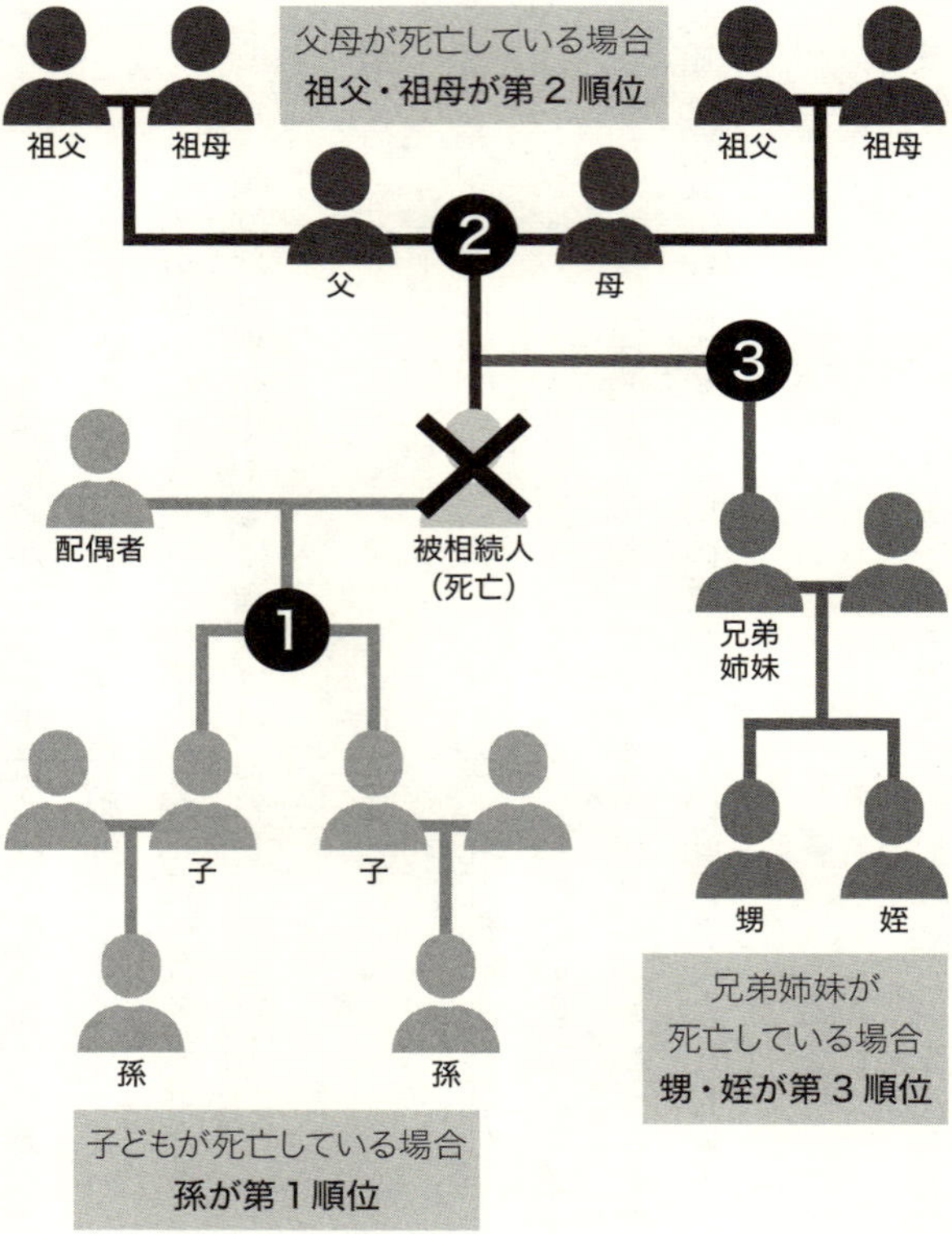
父母が死亡している場合
祖父・祖母が第２順位
祖父
祖母
祖父
祖母
父
2
母
3
配偶者
被相続人
（死亡）
兄弟
姉妹
1
子
子
甥
姪
孫
孫
兄弟姉妹が
死亡している場合
甥・姪が第３順位
子どもが死亡している場合
孫が第１順位

し、子どもは4分の1ずつ相続します。なお、内縁関係だと相続人にはなりません。ここを勘違いしている人が非常に多いのです。内縁であっても、離婚（内縁解消）の際に財産分与などを要求することができる場合があることとは異なります。

遺言書があると、上記のようなルールに基づく遺産分割方法を変えることもできますし、相続人がわざわざ遺産分割をする必要もなくなります。その結果、骨肉の紛争を事前に回避することになります。やはり、家族に責任を負っているあなただからこそ、いますぐ遺言書を書かなければならないのです。

相続の基礎知識「法定相続分」

他にも知っておくべき相続用語を解説しておきます。

まずは「法定相続分」です。法定相続分とは、相続法で定めている法定相続人それぞれの相続財産の取り分（相続分）のことです。ただし、あくまで遺産の分け方の目安を示したに過ぎないので、必ずしも法定相続分どおりに遺産を分けなければならないものではありません。

法定相続分は、法定相続人の順位に応じて決まります。

相続人が配偶者のみである場合には、相続財産の全額が配偶者の相続分となります。

次に、配偶者と第1順位の相続人がいる場合には、配偶者に2分の1の相続分、第1順位の相続人に残りである2分の1の相続分となります。

もし第1順位の相続人である被相続人の子が複数いるのであれば、2分の1の相続分を頭割りします。さらに、配偶者がおらず、子のみの場合には、全額を子で頭割りにて分けます。子が亡くなって孫がいる場合は、亡くなった子の相続分をその子の子（孫）で頭割りにします。

たとえば、相続財産1500万円で、妻と子A・B・Cの3人がいるケースで

法定相続人と法定相続分

相続順位	法定相続人と法定相続分	
子どもがいる場合（第1順位）	配偶者 1/2	子ども 1/2 を人数で分ける
子ども・孫がおらず父母がいる場合（第2順位）	配偶者 2/3	父母 1/3 を人数で分ける
子ども・孫と父母・祖父母がともにおらず、兄弟がいる場合（第3順位）	配偶者 3/4	兄弟姉妹 1/4 を人数で分ける

は、妻の相続分は相続財産の2分の1である750万円です。

残りの750万円は、第1順位の相続人である子A・子B・子Cが頭割りにするため、250万円ずつとなります。もし、妻がいないケースであれば、1500万円を子3人で分けるため、1人あたり500万円となります。

第1順位の相続人がいない場合、配偶者の相続分は3分の2、第2順位の相続人の相続分は3

分の1となります。配偶者がいない場合は、全額を第2順位の相続人が相続します。また、第1順位、第2順位の相続人がいない場合、配偶者の相続分は4分の3、第3順位の相続人の相続分は4分の1となり、配偶者がいなければ、全額を第3順位の相続人が相続します。相続人が誰もおらず、遺言書もない場合には、相続財産は国庫に帰属し、国のものとなります。

遺言か遺書か、それが問題だ

話は変わりますが、遺言と遺書は、どう違うのかという質問を受けることがあります。遺言は、意思表示に法律効果を認める制度であるため、法律行為の一種であり、単独で効力を生じる単独行為に分類され、やり方が法律で定められている要式行為です。つまり、厳密に条件が決まっているのです。1つでも条件を満たさないと、遺言として成立しません。たとえば、「自筆証書遺言は全文を手書きする」などの条件です。

一方、遺書は、法律とは関係のない事実行為です。たとえば、自分の気持ちを書き残し、家族や知人に対しメッセージを伝える手紙や文書のことです。法的効果は何もありません。というわけで、両者は、全く異なるものなのです。

遺言、遺書と似たようなものとして、最近は「エンディング・ノート」というものがあります。自分の死後のことや終末期の計画や方針などを書いておくノートです。書かれる内容は、遺族へのメッセージであったり、お墓のことであったり、葬儀のやり方のことであったり、延命治療のことであったりします。また、財産をリストアップしたり、死後に削除してもらうためにインターネットのパスワードを書いている人もいるようです。

はたから見ている分には、エンディング・ノートを書いているだけなのに、「自分は遺言書を作っている」と勘違いしている人も、時折見掛けます。遺言書は、法律で決まっているとおりに書く必要がある、厳格な要式行為であるため、そう簡単には遺言にはならないのです。

このようなエンディング・ノートを書いたり、遺言を作ったりする行為は、全般的に人生が終了する時にやる活動であるため、「終活」と呼ばれたりもします。そして、女性（不倫相手を含む）からのＬＩＮＥのメッセージなどを「携帯に残して死ねるのか」という思いから男性が行動に移る、「デジタル終活」という活動もあるそうです（もちろん、あくまでたとえ話なので、男性に限られません）。皆様もお気を付けあそばせ！　ちなみに、デジタル終活の第一人者は、私の卒業した海城高校の後輩です。

遺言書は主に2種類ある

ところで、あなたは遺言書を実際に見たことがありますか？
ご両親や親族が亡くなった際に見たことのある人もいるかもしれませんが、前述のように遺言書を残さない人の方が多いのが現実で、ドラマの世界の中で漠然としたイメージでしか見たことがないのではないでしょうか？

また、前述したように、遺言書と遺書は別物で、亡くなった人の心のこもった感謝の言葉などが綴られていても、それだけでは遺言書になりません。

遺言書の種類については、第7章の遺言書の書き方のところで詳しく紹介しますが、大まかにいうと、自筆証書遺言と公正証書遺言の2種類があります。

自筆証書遺言は、文字どおり自筆で書く遺言書であり、形式や用紙に決まりはなく、証人も不要です。一方、公正証書遺言は2人以上の証人の立ち会いのもと、遺言者が口頭で内容を伝え、公証人が作成するもので、費用がかかります。

次のページにそれぞれの遺言書の例を載せていますので、遺言書がどういうものなのか、イメージをつかむのに役立ててください。細かい点については、第7章で説明します。

自筆証書遺言書のサンプル

遺言書

遺言者鈴木太郎は、この遺言書により次のとおり遺言する。

1　妻鈴木花子には、次の財産を相続させる。

(1)　東京都世田谷区〇〇町〇丁目〇番〇

宅地　123・4平方メートル

(2)　同所同番地〇所在

家屋番号　〇番〇

木造スレート2階建居宅

床面積　1階　55・5平方メートル

2階　45・5平方メートル

(3) 上記家屋内にある什器備品その他一切の動産
(4) ○○銀行○○支店の普通預金1234567、定期預金7654321の遺言者名義の全額
(5) ゆうちょ銀行の遺言者名義の貯金全額
2 長男鈴木一郎と長女鈴木春子には、上記以外の財産全部を等分に相続させる。
3 この遺言の遺言執行者に、遺言者の弟である鈴木次郎を指定する。
平成30年10月16日
東京都世田谷区○○町○丁目○番
遺言者 鈴木 太郎 ㊞

公正証書遺言書のサンプル

平成３０年　第○○○○号

遺言公正証書

本職は、後記遺言者鈴木太郎の嘱託により、後記証人の立ち会いのもとに、下の遺言の趣旨の口授を筆記し、この証書を作成する。

遺言の趣旨

1　遺言者は、遺言者の所有する財産中、次の財産を遺言者の妻鈴木花子（昭和２０年1月1日生）に相続させる。

（1）　土地

所在　東京都世田谷区○○町○丁目

地番　○番

地目　宅地

地籍　123.4平方メートル

（2）　建物

所　　在　東京都世田谷区○○町○丁目○番地

家屋番号　○番

種　　類　居宅

構　　造　木造瓦葺２階建

床 面 積　1階　55.5平方メートル

　　　　　2階　45.5平方メートル

（3）　上記家屋内にある什器備品その他一切の動産

（4）　○○銀行○○支店の普通預金1234567、定期預金7654321の遺言者名義の全額

（5）　ゆうちょ銀行の遺言者名義の貯金全額

2　遺言者は、上記1を除く残余の財産を遺言者の長男鈴木一郎（昭和４８年１２月1日）、及び遺言者の長女鈴木春子（昭和５１年２月２日）に等分に

相続させる。

3　遺言者は、本遺言の遺言執行者として下記の者を指定する。

住　　所　東京都千代田区丸の内2丁目4番1号
　　　　　丸の内ビルディング11階1111区
氏　　名　大瀧靖峰
生年月日　昭和○年○月○日

4　遺言執行者の報酬は、金○○万円とする。執行報酬及び執行に関する交通費その他の実費は、遺言者の有する預貯金から優先的に支出できるものとする。

5　（付言）
遺言を作成するにあたり、つぎのとおり申し添えます。
花子には、とても世話になった。楽しく生きることができて、良い人生だった。
花子の生活を保障したいので、多めに財産を振り分けた。一郎と春子は、母さんを支えてやって欲しい。

以上

本旨外要件

住　所　東京都世田谷区○○町○丁目○番
職　業　無職
遺言者　鈴木太郎
生年月日　昭和10年10月10日

上記の者は、本職氏名を知らず面識がないので法定の印鑑証明書により人違いでないことを証明させた。

住　所　東京都千代田区丸の内2丁目4番1号
　　　　丸の内ビルディング１１階１１１１区

職　業　弁護士
証　人　大瀧靖峰
　　　　　　　　　　　　　生年月日　昭和○年○月○日
住　所　東京都千代田区霞が関1丁目1番○号○○○
　　　　会館○階
職　業　会社員
証　人　東弁花子
　　　　　　　　　　　　　生年月日　昭和○年○月○日

以上各事項を遺言者及び証人に読み聞かせたところ、各自筆記の正確なことを承認し、署名押印する。

遺言者　　鈴木太郎　(実印)
証　人　　大瀧靖峰　㊞
証　人　　東弁花子　㊞

この証書は、民法第969条第1号ないし第4号の方式に従い作成し、同条第5号に基づき下記に署名押印する。

平成30年10月15日
本職役場において原本により作成したものである。

役場所在地　東京都○○○区○○○1丁目○番○号
○○○会館○階
　　東京法務局所属
　　　　公証人　日弁向日葵　㊞

コラム❶ 遺言控除

まだ先の話ですが、政府与党は、遺言書を作成すれば、相続税が安くなる（基礎控除額が上乗せになる）「遺言控除」なるものを新設する方針を発表しています。

現行の相続税が非課税となる控除枠（いわゆる基礎控除）は、2015年1月1日より「5000万円＋法定相続人の数×1000万円」から、「3000万円＋法定相続人の数×600万円」に引き下げられました。この相続税法改正により、従来よりも相続税を節税したいという資産家の要望が増加しています。

そのような中で、政府与党は、遺言書を作成することで相続税の基礎控除に一定額を上乗せする遺言控除という新しい施策を考えました。各新聞でも大きく取り上げられ、いわゆるビッグニュースとなりました。

遺言控除でいくら節税になるのかが気になるところかと思います。この点、具体的な相続税の控除額については、本書執筆時点ではまだ確定していませんが、一般的には数百万円程度の控除額になると予想されています。

この数百万円は、相続税の額ではなく、財産からの控除額ですので、節税額としては、仮に５００万円程度であれば、50万円~２５０万円ほどの節税額になるようです。

それでも、遺言書を作成するだけで相続税が節税になるということで、これまで遺言書作成の腰が重かった資産家の方にとって、遺言書を作成する大きな動機づけとなりそうです。

第2章

弁護士は見た！　遺言書がなかったことによる悲劇

さて、第1章を読んで遺言を書く気になってきましたでしょうか。ここからは、遺言書がなかったことによって起こった紛争事例を紹介していきます。実際の事例を基にはしているものの、かなりアレンジしているので、弁護士による解説というより、ちょっと法律に詳しい人が書いた読み物として、気楽にお読みください。

まずは、遺言がない状況での親族間の争いの大変さを感じ取っていただければ幸いです。それが本書を書いた一番の目的だからです。

よくある相続紛争事例

まずは、相続における、よくある紛争事例を紹介しておきます。

ここで紹介する事例は、父Aが亡くなり、遺産分割が必要になったというものです。相続人は、母B、長男C、次男Dの3人で、相続財産は、主に土地の使用貸借権付きの古びた建物でした。

ちなみに、山手線の外ですが、東京23区です。固定資産評価で300万円弱というところです。他には、合計数十万円の預貯金もありました。この300万円弱の建物をめぐって、激しい遺産分割調停が起こったのです。

本件のように、預貯金が少なくて、不動産が相続財産に入っていると、余計に揉める可能性が高くなります。特に、その不動産を現に相続人のうちの1人が住居として使っており、第三者へ売却することが難しい場合などは、揉めやすくなります。預貯金もなければ、不動産の代わりとなる代償金も支払うことができないからです。

本件の建物には、父の代から営業していた理容店が入っており、長男が継いでいます。父の代で土地所有者と仲が良かったようで、無料で土地上に建物を建てて使用しています。地主からは、使用貸借権の存続期間は、母が亡くなるまでと言われています。民法上、賃料が無料だと、賃貸借契約ではなく、使用貸借契約

遺言書がなかった紛争事例①

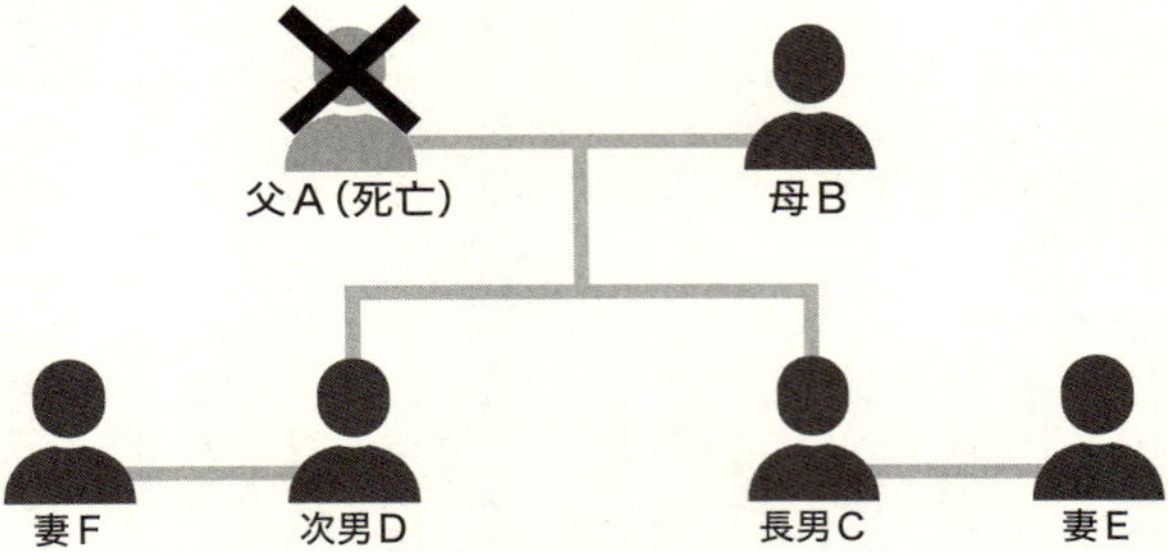

相続財産は、土地使用貸借権付きの建物。
資産評価で 300 万円弱

と呼ばれます。

本件では、母がこの建物に住んでおり、長男はこの建物内で理容店を営んでいるため、「この建物から追い出されるのは困る」という点で利害が一致し、遺産分割においては協力関係にありました。

一方、この建物に住んでおらず、使ってもいない次男は、母と長男を相手にして、「母と長男が相続財産であるこの建物に住み続けたり、使い続けたりというメリットを受けるのだから、その分の価値を金銭で支払うように」と要求してきました。この要求を「代償金請求」と言います。

キーマンは、次男の妻

さてさて、何事も人のせいにするのは良くないことですが、本件の遺産分割を紛糾させたのは、次男でした。もっと言えば、次男の妻でした。次男の妻は外国人であったためか、権利主張がとても激しかったのです。

ただし、いろいろな事例を見ていると、日本人だからといって権利主張が弱いわけでもないので、単に次男とその妻の強烈な個性に過ぎなかったのかもしれません。

次男の妻Fが、背後でかなりの主張をしているようで、なかなか解決には至りませんでした。調停の場では、「双方の意向に沿う内容で紛争を終わらせましょう」と話をしたのにもかかわらず、後日、「やっぱりあの財産もよこせ」などという主張を突き付けられるわけです。

後の章でも出てきますが、夫側の家族の相続に関し、妻が口を出してきて、話がまとまらなくなることは、よくあることです。もちろん、自分の家を出て嫁いできた立場の妻にとっては、死活問題であることは私も理解しています。

死亡直後からバトル勃発

私が、次男側と対立している長男の話ばかりを聞かされていたせいもありますが、次男の妻は、亡くなった父の葬儀の際、お坊さんがお経を上げている部屋の外ではあったものの、「財産はどうなっているのか!」などと大声で問いただしていたそうです。お焼香もしなかったと。

火葬場で親族が集まり、軽く食事をしている時も、平気で遺産分割の話をしてきます。父が亡くなって悲しんでいる素振りは一度も見せなかったそうです。当然、納骨後のお墓参りにも行かないそうです。もちろん文化や宗教の違いもあるかと思いますが、母や長男はかなり気分を害してしまい、いわゆる白い目で見ていたとのことでした。

落ち着いて故人について語るという雰囲気には全くならず、そんな緊張感が走る葬儀をなんとか終えたものの、その直後から遺産分割について、熾烈な要求が行われ、激しく対立したそうです。

母と長男がその建物を使用し続ける代わりとして支払う代償金についても、何の根拠か分かりませんが、1000万円も要求してきていたとのことでした。長男からすれば、「理容店をやっていても、年間で1000万円も売上が出ないのに、何を強欲なことを言っているんだ」と呆れたそうです。

そんなこんなで、母・長男と次男との間で話がまとまらず、弁護士への依頼が来たわけです。

雑談ですが、弁護士の報酬の多寡は、事例解決の困難性と全く比例しません。

むしろ、報酬が低い事例の方が、解決が難しいという感じすらします。弁護士の報酬額については、あとでコラムを書いておきますので、そちらもご覧いただけますでしょうか。

紹介した相続事例から言えることは、「相続財産が少ない方が揉めやすい」ということです。よく「うちは揉めるほど財産がないから遺産分割では揉めない」と言う人がいますが、全く逆です。財産がないから、納得がいくように分けることができず、揉めるしかなくなるのです。

潤沢に分けることができるほどに財産があれば、それほど揉めません。「金持ち喧嘩せず」という言葉もあります。もちろん、多くの相続財産があっても揉める事例もありますので、どのような事例であれば必ず揉めて、どのような事例であれば必ず揉めない、と言うことはできません。

本件の事例は、はっきり言って、きちんと父が遺言書を残していれば揉めなかった可能性があります。

父は、次男から遺留分（151ページ参照）を主張される可能性は払拭できないものの、「使用貸借権を含む建物を母と長男に相続させ、預貯金を次男に相続させる」という旨の遺言書を作っておくべきだったのです。

せめて付言にて、「自分が大事に育ててきた理容店を長男が継いでくれるので、次男には我慢してほしい」といった言葉での配慮をしておくべきでした。

腹違いの兄弟2人で争った事例

次に、遺言書がなかったがために骨肉の争いとなった、別の事例を紹介します。

資産家の父Aが亡くなりました。父Aには、その妻Bがいて、その間に子Cがいます。子Cは、生まれた時から体に重い障害があり、今ではいわゆる障害者施設に入っています。なお、知的な障害は全くありませんでした。

遺言書がなかった紛争事例②

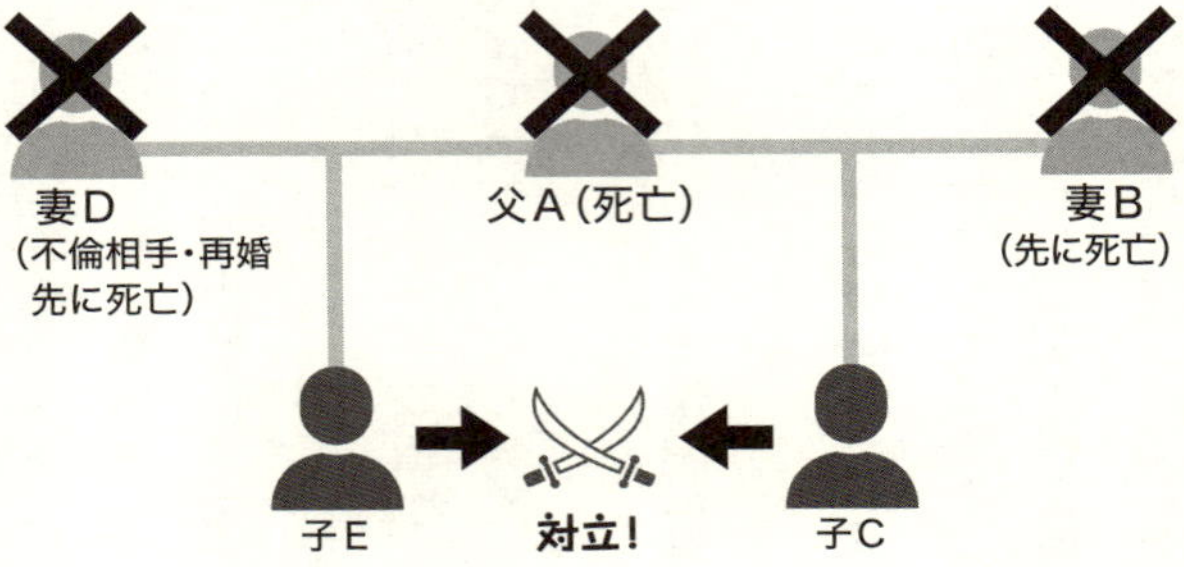

4億円以上の資産

父Aには、実は不倫相手Dがいました。そして、不倫相手Dとの間で認知した子Eもいます。どうやら、妻Bが亡くなった後に、父Aは不倫相手Dと結婚したようです。そういうわけで、子Cと子Eとは、異母兄弟なのです。そして、やがて元不倫相手Dも亡くなり、最後には父Aも亡くなりました。

そこで、父Aが残した4億円以上の遺産をめぐって、異母兄弟CとEとの間で紛争が勃発したのです。兄Cから見れば、もともと自分は正妻の子であるため、言わば本家のつもりであるのに対し、弟E

からすれば、元不倫相手Dも認知を経たうえで父Aと結婚している以上、妾《めかけ》の子だなんて言わせません。

お互い、自分の正統性を激しくぶつけあったのです。「正統性のある自分こそが、より多くの遺産をもらうべきだ」との主張になっていました。特に、もともと不倫相手の子だったという負い目からなのか、弟Eからは遺産をすべて希望するようなガメツイ要求が出され続けました。

ひとまず高額の相続税をどうするか？

父Aが亡くなってから10カ月以内に、相続税の確定申告をして相続税を納める必要がありました。相続税は、1人分だけでも数千万円に及びます。しかし、遺産分割前の手持ちのお金ではそんな高額を払い切ることはできません。一方で、期限までに相続税を払わなければ、延滞税が加算され、納めなければならない税金がどんどんどんどん増えていきます。

そんな中、この兄弟は、とりあえず相続税を支払うために、遺産分割のしやすい預貯金の一部を遺産分割することにしました。弟Eからは、「父Aの葬儀代を支払って立て替えている」とか、「父Aの病院やら生活やらの面倒を見ていた」など、証拠資料が出せないようなことまで主張がありました。結局、なんとか相続税を支払うことができる金額の預貯金を2等分したのでした。

これが、第1回遺産分割となりました。この遺産分割のおかげで、なんとか期限までに相続税を支払うことができました。

終わらない遺産分割

相続税を支払った後は、本格的な遺産分割をする必要がありました。預貯金はあとで調整がしやすいので、第2回遺産分割としては、分けにくい土地・建物を分けることにしました。全部を分けることについては、弟Eが反対したのです。

第2回の遺産分割協議の中では、父の家をどちらが継ぐべきか、収益をもたらす賃貸アパートをどちらが継ぐべきか、などが争いの争点となりました。

やはり弟Eからはガメツイ要求が出された一方で、兄Cの方は「家庭裁判所の世話になることは恥だ」と思っていたようで、なんとか裁判所を使わないで遺産分割をするために、かなりの譲歩をして第2回遺産分割に応じたのでした。

そのため、弟Eは、兄Cよりも多くの不動産を取得したのでした。この第2回遺産分割で、兄Cが障害者施設に入っていたためか不動産よりも現金を要望したこともあり、弟Eがより多くの不動産を取得することになりました。

弟Eはその代わりとなる代償金を兄Cに支払う約束をしました。その金額を決める際には、弟Eが負担したかもしれない父Aの葬儀費用、父Aの家の修理代、父Aのために弟Eが以前に起こした裁判の弁護士費用の立て替え分や、兄Cが立て替えて支払う予定の確定申告のための税理士費用なども、清算したものとして扱うという文言にしていたのです。

しかし、第3回遺産分割として、いざ協議をしてみると弟Eはさらにガメツイ要求を出してきました。たとえば、葬儀の際に、以前の資料から分かる金額よりもっと多くのお金を立て替えていた、そもそも第2回遺産分割時に想定していた税理士費用が高過ぎるので、弟Eが多くを取得できる方向で清算すべきだなどと主張してきました。すでに、第2回遺産分割の中で清算したにもかかわらずです。

兄Cが遺産分割協議書を示してこの話をしても、弟Eは納得しなかったため、兄Cはやむを得ず、家庭裁判所に遺産分割調停の申し立てを行いました。

調停を行ってみると、弟Eはやはりガメツイ要求を繰り返しました。しかし結局は、間に入った調停委員の説得もあり、半分で分けることに異議を唱えなくなり、調停が成立しました。

なぜ、調停委員の説得が成功したのかというと、預貯金の場合は、もし話し合いがまとまらなければ、家庭裁判所が判断を下す審判という手続きに移行するのですが、審判になれば、裁判所は、法律上の相続分である法定相続分に基づき2分の1ずつで分けるように判断をすることになるからです。それに先んじて、調停委員より示唆されるため、ある意味では無駄な審判手続きを経ずに、話し合いをまとめて調停が成立することはよくあります。

そして、第3回遺産分割が成立しました。弟Eは、特に第2回遺産分割で不動産をより多く取得したために、その後の相続税の修正申告で、より多くの相続税を支払うことになりました。

これで、最終的な遺産分割が終わったと兄Cが思った直後、弟Eから新たな相続財産が見付かったとの連絡がありました。これは、弟Eの母である後妻D名義の預貯金などでした。父Aよりも、後妻Dの方が先に亡くなったため、後妻Dの財産については、父Aと弟Eが2分の1ずつ相続し、その父の2分の1の相続分について父Aが亡くなると、さらにその半分ずつを兄Cと弟Eとで相続するわけです。

結果として、後妻D名義だった財産については、法定相続分としては、弟Eが2分の1＋4分の1＝4分の3、兄Cが4分の1を相続することになるわけです。

そのため、第4回遺産分割協議をしなければなりませんでした。しかし、弟Eの母（後妻）D名義の財産に関する協議であるため、ただでさえガメツイ弟Eの主張は、さらにガメツクなりました。しかも、ろくに預貯金の残高資料を見せようともしませんでした。

そのため、まずは相続財産の内容を確認する必要がありました。弟Eが言うには、銀行からは「他の人には見せないでください」という前提付きで、弟Eだけの捺印で開示を受けたようです。兄Cは、もちろん開示のための捺印などには協力するつもりなので、普通に預金残高証明などを取って欲しいところでした。

そのため、兄Cの捺印も用いて、預金の残高証明書などを取ってもらい、ある程度のところで遺産分割協議を終えたのでした。ただし、この中でも、ガメツイ弟からは、後妻Dの葬式代を立て替えたとか、老朽化した建物を修理した時の修理代を立て替えているなどを、領収書も満足に出さずに主張されました。それでも兄Cは、なんとか折り合いを付け、遺産分割協議をまとめたのでした。

戦わずして勝つための遺言

ここで紹介した事例では、もともと仲の悪い異母兄弟が、結局4回も遺産分割協議をするはめに陥ったのです。遺産分割協議なんて1回するだけでも大変なのに、4回も！です。

しかし、はっきり言ってしまえば、父Aが遺言書さえ残していれば、その内容のとおりに遺産が分割されるので、遺産分割自体を行う必要がなかったのでした。つまり、こんなに何回も遺産分割をやる必要もなかったし、家庭裁判所での調停も不要だったのです。そもそも、もともと仲の悪い兄Cと弟Eが、苦労してさらに仲が悪くなりながら協議をする必要もなかったのです。

ちゃんとした遺言書があれば、誰が何をどれだけ相続するのかが決められているので、このような無用な争いを繰り返す必要はなくなります。遺言書があれば、これだけ激しい骨肉の争いを防ぐことができるのです。

亡くなった父としては、子どもたちのことを考えて、遺言書を残しておくべきだったでしょう。もし自分の子である、兄Cと弟Eとの間で相続分を変えたいのであれば、それを遺言書に書くことによって、自分の思いも実現することになったでしょう。

この件は、とても残念でなりません。亡き父Aは、自分の子どもたち（兄弟）が、血で血を洗うような争いをするとは夢にも思っていなかったでしょう。ここまで想像することができれば、遺言書を残しておくでしょうから。すべてが終わった後なので、今は安らかにお眠りください。

遺言書がないと、とても大変だということを実感していただきたかったので、この2つの事例を紹介しました。

ただし、2つめの事例は、相続財産が高額であるとか、異母兄弟の事例であるとか、特殊な事例で「うちとは関係ないよ」と思った人もいるかもしれません。そのように思ってしまった方々のためにも、第3章以降では、さらに多くの紛争事例を紹介しています。心して読み進めていただければ幸いです。

コラム❷ 「ゆいごん」か「いごん」か

特に弁護士に相談した場合に、遺言を「ゆいごん」と読むのか「いごん」と読むのか迷う時があるかもしれません。それは、多くの弁護士が「いごん」と読むからです。一方、一般社会では、通常は「ゆいごん」と読まれています。

しかし、なぜこのような違いが生じているのか、はっきりしたことは私にも分かりません。

このほかにも、遺言や相続とは違う分野ですが、競売について「きょうばい」と読むか、「けいばい」と読むか、悩むことがあるかもしれません。一般社会では「きょうばい」と読むことが多いように思いますが、弁護士は「けいばい」と読むことが多いです。私も大学法学部の授業で、教授が「けいばい」とか「いごん」などと言うために、当時はとまどった記憶があります。遠い昔のことではありますが。

あと、一般的には、法律関係者は、漢字を、訓読みではなく、音読みで読むことが多いです。これについても、なぜそうなのか、私も原因を存じ上げません。

余談が続きますが、同じ言葉であっても、業界によって違う意味で使われることがあります。今思い付くものとしては、「全損」なんてどうでしょうか。私が、とあるファイナンシャル・プランナーの人と話している時に出てきた言葉ですが、どうも話が噛み合いませんでした。

よくよく聞いてみると、そのファイナンシャル・プランナーの人は、法人の生命保険などで全額を損金計上できるという意味で「全損」と言っていたそうです。一方の私は、交通事故などで、自動車が修理不能状態に陥ったことを「全損」というように理解していたのでした。

第3章

相続争いの原因になる介護

この章では、介護が相続争いの原因になった事例について紹介していきます。

超高齢者化社会と言われる現代の日本では、日常的に介護が行われており、親族介護となることは非常に多いです。ですが一方で、ある意味美しく献身的とも言える介護が相続争いの原因になることが非常に多いのも、現実なのです。

介護が原因で相続が争続へ

ここで紹介するのは、もともと茨城県に住んでいた母が先に亡くなり、母の遺産については父がすべて相続するという話になって、特に揉めなかったのですが、その後、父が亡くなり、父の相続人が、父の子である長男・長女・次男の3人だった事例です。

父の晩年は、次男夫婦が父と同居していました。父の死後、相続の争いになり、次男は、寄与分（被相続人の財産の維持や増加に影響するような貢献をした相続人が、相続財産の増額を要求できる制度、83ページ参照）の主張をしました。

つまり、次男は父と同居して介護していたのだから、父の財産の増大につながったり、減少を防止したりしていたので、その分多くの相続財産が得られるべきだとの主張です。結局、話し合いによる交渉では解決せず、家庭裁判所での遺産分割調停になりました。

「調停」というのは、訴訟とは異なり、2名の調停官を間に挟んで交互に話を聞いてもらうなどして、話し合いによって解決の道を探る手続きです。調停で話が付かない場合には、「審判」という手続きに入ります。審判は、訴訟に近いイメージで、主張と立証（証拠提出）をして、審判官（裁判官）が判断を下します。

さて、前述のような、亡くなった人の介護をしていたというのはとてもよくある主張です。しかし、文献資料や審判例などを見ている限り、介護による寄与分というのは、ほぼ認められていないようです。あくまで、介護が被相続人の財産の増加や減少防止に対し積極的に役立った場合のみです。

そのため、本件でも、介護があるからといって、明らかにその分を考慮した相続配分にはならないわけです。とは言っても、調停は、裁判所を交えてはいるものの、結局は話し合いの手続きであることには変わりないので、ある程度、お互いに譲歩できるラインまで歩み寄り、合意をして成立させることが多いです。しかし、もし合意が得られず、調停が成立しない場合には、前述の審判という手続きに入ります。

また、長男に相続させまいとする次男の主張というのも、これまたよくある主張の1つです。

たとえば、「長男は大学の学費を親に出してもらっていた」とか（しかも医学部だったりします）、「長男だけが親にかわいがられて育てられてきた」など、相続についての相談では、生まれてから今に至るまでの様々な不満がぶつけられます。離婚の場合もそうですが、相続の事例は血族の血で血を洗う争いにもなりかねません。

遺言書がなかった紛争事例③

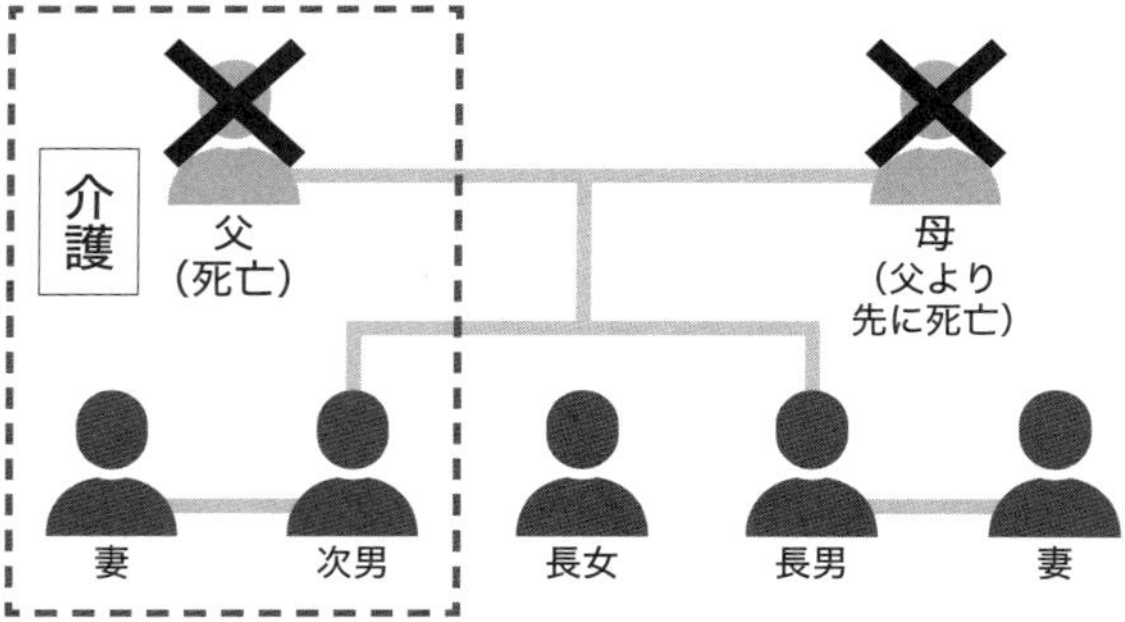

これは、昔の日本の文化やこれを規定した旧民法が、相続権に関して家督相続とし、基本的に「長男にすべてを相続させるようにしていた」ことが原因であり、この時代の名残を受けて、まだ長男を大事にする風習があったりすることにも原因があるようです。

だいぶ前、大正時代（法律上は昭和22年5月2日以前）に亡くなった人がいるにもかかわらず、遺産分割をせずに放置され続けた結果、旧民法の家督相続が適用されるべき事例に遭遇したこともありました。

旧民法をきちんと勉強したこともなかっ

たので、その相談を受けてから本で調べて対応しました。このように、遺産分割が放置され続けたまま法律が変わり、ここまで時間が経ってしまうと、弁護士も対応が難しくなっていくわけです。

これに対し、きちんとした遺言書があれば、自分が残す遺産に関してはそもそも遺産分割の協議自体が不要になるのです。遺言書があれば、銀行での払い戻しや不動産の相続登記など、簡単に相続の手続きが終わります。繰り返しになりますが、ぜひ頭に入れておいてください。

背景は、妻同士の争い

先の事例の話に戻りますが、実際、父と同居している際に、父の食事を作ったりするのは、多くは次男の妻だったのでしょう。そのため、次男の主張の背景には、いつもその妻の存在が見え隠れしていました。

どうやら、次男と長男の対立は、その背後にある次男と長男の妻同士の対立が原因だったような気がしてなりません。次男の妻が長男の妻に対し、「私の方が頑張ってるのよ」と思ったりとか、「私の方がお義父様に尽くしているのよ」と主張してみたくなったり的な。

昔、私がまだ新人の頃、弁護士会の法律相談で、相続の相談を受けた時、私が事例を勘違いしたために、誰が相続人であるかについて間違ってしまったことがありました。

その際に、同行していた相談者の妻から、「あなた、ほんとに弁護士なの！」と怒鳴られたことを覚えています。事例を勘違いしていた旨を説明して分かっていただけたとは思っておりますが。

このように、新規の法律相談に来る方には、当たり前ですが、かなりの熱気がこもっており、少しでも自分に不利なことを言われようものならば、弁護士を罵倒するような方も中にはいます。

また、最近は無料法律相談を実施している弁護士や法律事務所も多くなりましたが、相談者に対して無責任に「これは勝てる」などとアドバイスをする弁護士もいるようで、その後に私が法律相談時に「うまく行かない可能性もありますよ」などと申し上げようものなら、「こないだの○○弁護士は、『勝てる』と言ったわ！」などと逆上する人もいて困ります。

中には、自分が受任するために、話を盛ったうえで「勝てる」などと言う弁護士もいるようです（これはもちろん懲戒の対象です）。これを行うと、裁判の後、大して遺産を獲得できなかった時に懲戒請求されたりもするので、私は慎重にアドバイスするようにしています。私としては、「以前に相談した弁護士が有利なアドバイスをしたのならば、その弁護士へ依頼してください」と言うこともよくあります。

ちょっと話が飛びましたが、このように妻が声高らかに主張する事態も、妻としては、言わば自分の家を捨てて嫁に入ってきたわけですので、「夫の相続財産は自分の財産でもある」というように考えることは、ある意味、自然なことではあると思います。妻から見て、その夫は、運命共同体なわけです。決して、「お前の物はオレの物」というジャイアン的な強者の発想ではありません（笑）。

終わらない打ち合わせ

次男の主張に対し、長男の方も、その背後に妻の意向がかなりあるようでした。長男にわざわざ茨城県から事務所へ来ていただき打ち合わせをして、「このライン（金額）で解決しましょう」と決めたにもかかわらず、次の日には電話があり、「そのラインで解決することはできない」と言うのです。

これは、おそらく、家に帰って妻に話をしてみたところ、妻が納得してくれなかったということなのでしょう。そうであれば、最初から打ち合わせに奥さんも連れて来ていただければ、「奥さんの意向も確認しながら妥協ラインを探ることもできるのに」と、私には打ち合わせの時間が無駄だったという憔悴感だけが残りました。

本当は、直接に説明をさせていただきたいですし、状況を詳しく知らない外野の人であるからこそ見当違いのことを含め、好き勝手に言えるのだと思います。中には、「インターネットの○○法律事務所のホームページにはこのように書いてあった」などと言ってくる方もいるのですが、インターネットはうまくいった特殊な例外事例だけを載せていたり、そもそも実在しない事例や有利にアレンジした事例を載せている可能性すらあります。そもそも事例が違うのですから、解決内容が異なるのは当然のことです。それこそ、「そちらの弁護士にご依頼されてはいかがですか」と言いたくなります。

特に話し合いという手続きの中では、必ずしも自分側に最大限有利な主張をすればいいというものでもありません。その主張をしたことによって、話し合いでの解決が難しくなり、審判などに移行せざるを得なくなることもあるため、言わば駆け引きのようなことも考えなければなりません。まさに、空気を読み、顔色を伺うようなこともしているわけです。もちろん、相手の軍門に下っているわけではありません。あくまで、こちらに有利に運ぶように、総合的に物事を判断しているわけです。

自分が依頼している弁護士に対し、とりあえずの希望を伝えることは必要ですが、あまりそれに固執されてしまうと、弁護士も非常に困ることがあります。弁護士は、神様ではないのですから。

ちなみに、打ち合わせにこない妻の反対という事例以外にも、たまにあるのが、依頼者は30歳になった立派な大人であるにもかかわらず、しかも本人はそのようなやり方でいいと言っているにもかかわらず、親がしゃしゃり出てくるパターンです。未成年者であれば当然いいのですが、「いい年した大人がなんだよ、自分の人生のことなのだから、自分で決めなさいよ」と思うこともあります。
ちなみに、相続だけではなく、離婚でもよくあります。

そんなこんなで、この事例の調停の方では、次男の介護寄与分をはじめとする喧々囂々の主張が繰り広げられました。しかし、なんとか応戦して駆け引きした結果、調停手続きという話し合いによる解決を見たのでした。
ただし、言ってしまえば、この事例も亡くなる前に適正な遺言書を残しておけば、無駄に揉めることはなかったでしょう。たとえば、「同居して世話してくれた次男には、そのお礼として〇〇銀行の預金を相続させる」などと遺言で書いておけば、次男も納得しやすかったのではないでしょうか。貢献したことに対する評価（感謝）は大事なことのようです。やはり皆様、いますぐに遺言を書いてください。

銀行手続きも遺言書がないと、とんでもないことに

この事例は、依頼者は茨城県に住んでいたのですが、たまたま相続財産となっていた銀行口座が東京都内にあったため、私が委任状をもらって銀行に赴き預金払い戻し手続きを行ったのでした。

銀行手続きは、銀行によって必要書類が違ったりするので非常に面倒です。単なる相続であれば、多少は銀行ごとの対応のやり方が固まってきている感はありますが、これが〝成年後見人〟として手続きに行くと、とんでもないことになります。

判断能力がない相続人に代わって財産を管理する、成年後見制度（161ページ参照）自体が2000年4月1日に施行された比較的新しい制度であるため、銀行側もまだ扱い慣れていないためです。

事前に電話して必要書類を確認してから訪問したにもかかわらず、「別の書類

も必要でした」などと後から言われてしまうことも多く、1回の訪問では終わらないものと初めから想定して行くことが多数です。これらについては、弁護士会と各銀行とで、協定を結んだりする必要があるのではないかと個人的には思っています。あと、協定を結んだ場合には、末端の銀行支店の従業員にまで協定が行き渡るようにする必要もあります。

ちなみに、第2章の事例に続き、本章で紹介した事例も相続財産があまり大きくなかったために、私の報酬もあまり大きくはありませんでした。

弁護士の報酬目安額は、現在、自由化されていますが、かつて存在していた旧日弁連（日本弁護士連合会）基準を踏襲している弁護士も多くいるようです。かく言う私も、かなり参考にしています。

具体的には、争っている（主張している、請求している）金額を「経済的利益」と見て、経済的利益が300万円以下の場合に着手金8％（消費税別、以下同じ）、300万円〜3000万円の場合に着手金5％＋9万円、3000万円

〜3億円の場合に着手金3％＋69万円などと計算したりするものです。

成功報酬は、得られた経済的利益について、着手金の2倍とされています。詳しくは後のコラム（116ページ）で触れたいと思いますが、300万円を請求するような事例の場合には、旧日弁連基準に当てはめれば着手金が24万円（税別）で、300万円全額を回収できた場合には、48万円（税別）が成功報酬となります。

権利擁護保険（弁護士費用保険）

弁護士報酬額の話が出ましたので、これに関連して、弁護士費用を出してくれる保険について、ちょっと紹介しておきます。権利擁護保険とか、弁護士費用保険などと言われるものです。最も多いものは、自動車保険のオプション（特約）として、年間の掛け金が2000円強程度で、交通事故事件に限り、1事件あたり300万円までの弁護士費用を出してくれるという保険です。

最近は、この手の保険も種類が増えてきており、ざっと調べた感じでは、自動車保険の特約ではあるものの、交通事故に限らず、日常生活全般の被害事故をもその対象とするタイプ（三井住友海上など）や、傷害保険などの総合的な団体契約の保険に入ると一般事件をも対象とする弁護士費用を出してくれるタイプ（損害保険ジャパン日本興亜の「弁護のちから」など）、弁護士費用を出すための単独型のタイプ（弁護士費用保険Ｍｉｋａｔａ、弁護士保険コモン、弁護士保険コモンＢｉｚなど）などがあるようです。

ただし、商品によって対象事件は異なりますし、そもそもざっと調べただけの私の保険商品知識もあいまいです。商品内容もどんどん改定されますので、ご自分で調べたり、保険代理店で聞いてみたりして確認するようにしてください。

なお、「弁護士費用保険Ｍｉｋａｔａ」については、私のホームページにリンクが張ってありますので、気になる方は見てみてください。

私のホームページについては、「http://otaki-yasumine.kaisya.info/」へ直接行くか、「戦わずして勝つ　弁護士」などで検索するかして、たどり着いていただけると幸いです。ちなみに、法律分野で「戦わずして勝つ」は私の登録商標です。

寄与分とは

先ほども出てきた「寄与分」について解説します。寄与分とは、詳しく言うと、被相続人の生前に相続財産を増やす、減少を食い止めるなど「特別な寄与」をした相続人が、その寄与した分だけ相続財産を得る権利のことです。その貢献によって、被相続人の財産がどれほど維持されたり、増えたりしたかが判断の基準になります。

これが認められるのは、たとえば、亡くなった父とともに事業などを経営し、その売上発展に貢献していたなどの事実が必要です。単に介護をしていただけでは寄与分の主張は認められません。

ともに経営していたという点については、亡くなった父が会社の取締役に名前が入っているだけで労働の実態がない場合はダメです。税金軽減のために、父を従業員などに入れて給料を支払っていることにしている会社なども世の中にはあるようですが、現実に汗水垂らして働いていたのかどうかなど、労働の実態があることが重要です。

また、たとえば被相続人である母が、普通ならば介護施設に入所するほどの重い要介護状態であるにもかかわらず、長女が常時無償で介護したことで介護施設に入る費用が浮いたといったケースでは、長女に対して、財産の減少を積極的に防止したとして、寄与分が認められるとされています。

寄与分が認められた場合は、相続財産から寄与分を差し引いたうえで、残った財産を相続人で分割することになります。そのため、寄与をした相続人は、遺産分割した財産の他に、寄与分を得ることになります。

これまで寄与分が認められたのは、相続人だけでした。そのため、長男の妻など相続人でない親族がどれだけ力を入れて被相続人を介護したとしても寄与分は認められていませんでした。しかし、第8章でも述べるとおり、法改正がありました。

コラム❸ 弁護士の選び方

よく弁護士を「どうやって選んだらいいか分からない」という質問を受けるのですが、これについては、身近に知っている弁護士がいたら、まずは法律相談してみるのがいいのではないかと思います。その弁護士が相談に乗ってくれるかもしれませんし、もっと適切な弁護士を紹介してくれるかもしれません。

一方で、「身近に知っている弁護士なんていない」という声もよく聞きます。2018年1月には弁護士4万人時代に突入し、弁護士が余ってしまい、仕事もない弁護士がいると言われている時代ですが、まだまだ弁護士は身近な隣人という感じにはなっていないようです。

異業種交流会などに参加し弁護士以外の方々と話していると、毎度毎度、その状況を痛感します。弁護士に相談したい場合は、弁護士会が実施している法律相談会もありますし、インターネットで探すという方法もあります。

お勧めの選び方としては、もし選ぶ余地があるのであれば、弁護士会の活動（いわゆる会務）をしっかりやっている弁護士の方が良いと思います。具体的には、「弁護士会の常議員をやっていた、○○委員会の委員をやっている」などです。ホームページを見たり、ネット検索をすれば、書いてあることも多いかと思います。実際には委員会に所属しているだけで本気で委員会活動をしていない、という困った弁護士もいるかと思いますが、そこまでは判断できません。法律相談をしてみて、その弁護士の話しやすさなどの印象にも気を付けてみてください。

弁護士会は、国などから監督を受けない独立した自治組織です。その組織を動かしていくためには、自前で機関を設置しながら自己統治し、弁護士法の理念である「社会正義の実現」と「人権擁護」に取り組んでいく必要があります。国から監督を受けていたら、オチオチ国を訴えることもできませんしね。その自前組織を動かすにあたっては、個々の弁護士が動くしかないのです。○○委員会であったり、国で言えば国会議員みたいな常議員であったりがそれです。

これらの活動は、報酬がもらえるわけではないので、お金になりません。しかし、弁護士の理念を支えていくためには、皆で少しずつ負担していくしかないのです。ところが、このような会務を我関せずと全く行わない弁護士も存在します。どちらが信頼できる弁護士かは明らかだと思います。

そういうわけで、私としては、常議員をやっていたとか、〇〇委員会に所属している弁護士が信頼できると思っています。

とは言っても、弁護士選びに正解はありません。最後は自分の直観を信じてください。

第4章

相続できない！ はじまらない調停

人が死亡すると相続が発生するわけですが、観念的に相続をしたことになっても、具体的な遺産分割協議を経ないと、銀行などは払い戻しに応じてくれません。

そして、遺産分割をしようとしても、相続人全員の同意が必要であり、被相続人が死亡してから何年も放置されていたり、さらに相続人の中にも死亡した人が出てきたりすると、そもそも相続人と連絡が付かず、遺産分割協議を進められないということもよくあります。

放置される遺産分割

揉めている状態が嫌なのか、弁護士に依頼する費用が高いのか、理由はよく分かりませんが、誰かが亡くなっても、相続人が誰も遺産分割をせずに放置されている事例をよく見掛けます。

単純に遺産分割処理が面倒なのだとは思いますが、山奥の山林の登記などが、手付かずで放置されているような事例もそうです。

このような事例に遭遇した場合、もし私の立場が裁判所から選任された「破産管財人」（102ページ参照）であったり、「成年後見人」（162ページ参照）であったりすると、職務上の義務として遺産分割をやらざるを得ません。

しかも、亡くなった被相続人が1人とは限りません。複数人の被相続人の遺産について、遺産分割をしなければならないこともあります。

そして、遺産分割自体は放置されていないものの、私が最近遭遇した不動産詐欺事例で、次のようなものがありました。

相続の際に遺言があったかどうかは不明ですが、ある高齢者が相続により、温泉リゾート地付近に土地を持っていました。

その高齢者は、自宅に突然、不動産仲介業者を名乗る者から電話が掛かってきて、「あなたの土地を買いたがっている方がいます。ぜひ売ってください」と言われました。そして、売値もそれなりに高かったので、売ることにしました。仲介業者との間で売買契約を締結したわけです。

その際に、なぜか代金支払い担保のためとして、北関東の土地を購入する売買契約を締結させられてしまったのです。そして、それは先の売却の代金とその購入代金とが相殺されるという契約内容になっていました。

そんなこととはつゆ知らず、先の売却について「土地の盛り土工事が必要だ」とか、「4m道路に接道しないとダメなので、さらに工事が必要だ」などと言われて、さらに200万円以上も取られてしまいます。

私が登記簿を調べてみると、先の温泉リゾート地付近の土地は、もはや第三者に転売されて登記も移転していました。また、購入の契約を締結させられた北関東の土地は二束三文の山林でした。こうなってくると、先の温泉リゾート地付近の土地を取り戻すことは容易ではありません。仲介業者も既に逃げているので、損害賠償請求も難しいです。

さらに、酷いことに、先の温泉リゾート地付近の土地を売ったことになっているため、100万円以上の譲渡所得税も納めなければならないのです。まさに踏んだり蹴ったりの事例でした。昔からある、いわゆる原野商法の現代版のような感じでした。

仮に、詐欺ということで売買契約を取り消すことができて、損害賠償請求権も発生したことが認定されたとすると、結局は損害賠償請求権という、土地のいわば対価を得ているとされて、譲渡所得税は掛かるようです。

このように、無駄に、相続させる価値のない土地があったりすると、土地の処理に相続人も困ってしまい、美味しい話に飛び付きやすくなり、原野商法にも引っ掛かってしまうのです。このような土地がある場合には、遺言書の中で、どういう土地で、どうして欲しいのか、などを書き込むべきだと考えます。

たとえば、「経済的な価値自体はないが、先祖代々守ってきた土地なので、頑張って守っていって欲しい」とか、「自分も相続により取得したが、処分に苦労した土地なので、なんとか隣地の人に引き取ってもらえるように頑張って欲しい」などを書くべきです。

なお、弁護士に遺産分割協議の交渉代理人になることを依頼すれば、実費等は掛かりますが、弁護士は職務権限として関係者の戸籍や住民票を取得することができます。そのため、相続人らが転居の際に住民票をしっかり移していれば、相続人らの住所を知ることができます。そして、弁護士名義で「遺産分割交渉をする代理人となった」という受任通知を郵送することができます。

しかし、そのような手紙を出しても、全く返事が来ないこともありますし、手紙を受け取った人が認知症であったり、手紙の内容を理解することができないなんらかの障害を持っている場合もあり得ます。

手紙に対する返事が来て遺産分割の交渉をしても話がまとまらない場合や、そもそも手紙を出しても返事がなく連絡が取れない場合には、家庭裁判所に遺産分割調停を申し立てることになります。

亡くなった被相続人4名の遺産分割を放置

私が受任したある事例では、もともと「3人の被相続人の相続財産について遺産分割が未了である」と言われており、その時点で既に大変そうだなと思っていたのですが、いざ戸籍をたどって調べてみると、さらにもう1人が亡くなっており、合計4件の被相続人の相続財産について遺産分割が未了となっていることが判明しました。しかも、相続人もかなりの数がいることが分かりました。

驚いたことに相続人らの人数を数えてみると、30人もいたのです。中には、認知症や知的障害を持つ相続人もいるらしいという情報も、親戚筋から伝わってきました。

これは、手紙を出すこと自体も大変だし、手紙を出しても返事が来なかったり、もし認知症や知的障害のある人がいる場合には、成年後見人や特別代理人などを選任するような手続きが必要となる可能性もあります。仮に遺産分割協議がまとまったとしても、全員から印鑑証明書を取得するのは大変だと判断しました。そのため、交渉の受任通知も出さずに、いきなり家庭裁判所に遺産分割調停の申し立てをしたのでした。

はじまらない調停と売れない山林

しかし、被相続人が4人、相続人が30人もいたため、親族関係を示すための戸籍謄本類の厚さが私の手の中指の長さくらいにもなりました。裁判所も、いろいろと相続関係を調査する必要があったのか、実際に第1回の調停が開かれたのは、申し立てをしてから1年近くが経過した時でした。それまでの間、「あの調停はなかなかはじまらないな」と思いながら待っていたのでした。

実際、調停がはじまってみると、やはり、多めの取得を主張する相続人もいるわけです。話がすぐにまとまらない場合には、何回か調停期日を取ることになります。すると、地方で遠方だったため、出席に文句を言う人も出てきます。しかし、間に家庭裁判所の調停委員が入って話を聞いてくれたこともあり、結果的には、話はまとまることになりました。

地方の相続であったためか、相続財産の中に、農地や山林や、古い建物などがありました。しかも、これらを基本的には売却する方向の話になったのです。

農地を売却する場合には、農地委員会の許可が必要だったりと、これまた手間の掛かる手続きを経る必要があったのですが、農地については先祖代々の土地ということで、相続人の1人が引き取ることになりました。他の山林などについては、現地に近い不動産業者にお願いして売却をして、そのお金を分けるという内容の調停がまとまったのでした。

古い建物（土地あり）に至っては、倒壊寸前であったり、庭の樹木の枝が道路まで進出し、売却する前に伐採・伐根しなければならないといったこともありました。この場合も、自分の事務所から離れた地方ということもあり、伐採業者を見付けるのが大変でした。

しかも、2社を見付け、見積もりを頼んだら、出てきた見積もり額が大きく違ったのです。これは、何をどこまでやらなければならないのかという認識の違いに大きく基づくようでしたので、業者に何を依頼するのかを精査することが必要となりました。

山林は、購入希望者が出現しなければ、売却することができません。そして、この事例では最後の直前まで購入希望者が現れなかったのですが、不動産業者の実力なのか、近所の人が買うことになったのでした。

また、銀行口座を調停で遺産分割するといっても、やはり、何銀行のどこ支店に、いくら入っているのかという資料を銀行に出してもらう必要があります。そのためには、中指の長さほどの厚さがある戸籍謄本類を1つ1つの銀行の本店や必要な支店に持参するか、遠ければ郵送するなどして、相続人であることを示さないと、銀行も口座情報を開示してくれません。

相続人が多いと、この口座情報の開示を受けるだけでも、かなり苦労します。しかも、銀行の本店やら支店やら10個くらい開示手続きを踏むこともよくあります。

新たな財産発見

調停自体は、農地を取得した相続人とは異なる相続人1人が、山林や銀行預金を取得したうえで売却し、売却代金や銀行預金を皆で分ける（山林を取得した人が皆へ代償金を支払う）という内容で、成立したのでした。

しかも、新たに相続財産が見付かっても、上記1人の相続取得者がすべてもらうという内容になっていました。他に相続財産が見付かるはずがないという前提でした。仮に見付かったとしても、極めて小さい財産であり、再度の遺産分割をすることの方が手間であろうと判断されたためでした。

銀行などで手続きを進めていると、なんと、亡くなった被相続人の1人が架空人名義で貸金庫を作っていたことが判明しました。

今では架空人名義で作ることは不可能ですが、昔はチェックが甘いところもあったのでしょう。この貸金庫は、公証人を連れて行って立ち会ってもらい、開錠することになったのでした。

そして、その貸金庫の中から、また新たな銀行口座の通帳が出てきたのです。同じ架空人名義でした。

たまたま運よく、別の取引書類に被相続人の1人の筆跡が残っており、これと見比べる形で、貸金庫の中から出てきたということもあり、銀行が同一人物（架空人名義）であることを承認したのでした。そして、その銀行口座には、数千万円の預金が入っていたのです。

さてさて、この数千万円の預金を上記の調停に基づいてそのまま取得してしまっていいものかどうか悩みどころではありました。しかし、調停条項がそうなっている以上、取得していいと判断し、取得することを前提に手続きを進めたのでした。

やらなければいけない遺産分割

実際、死亡して相続が発生したのに遺産分割が未了のまま放置されている事例はよくあります。遺産分割の連絡が大変だったり、不動産登記にもお金や手間が掛かったりするためです。

しかし、もし弁護士が裁判所から選任されて破産管財人や成年後見人になった場合、遺産分割をする必要が出てきます。「財産の権利がある以上、取得すべきである」という前提があるためです。このように、何年も放置されて何人も被相続人が発生してしまっている場合には、正直しんどいです。

狭い墓地隣の土地を遺産分割しなければならなかったりして、もらいたい人もいなければ、売れるような土地でもないという、八方塞がりのような事例もあるわけです。そこを何とかうまく処理するのが、ある意味、弁護士の腕でもあるわけでしょう。株式を売却したりすることもありますね。

しつこいようですが、きちんとした遺言書があれば、ほぼすべての遺産分割トラブルを防止することができます。やはり、いますぐ遺言書は書いて欲しいものです。

地方の不動産売却

私は、地方裁判所から選任されて破産管財人となることがあります。破産管財人とは、破産者の財産を調査し、その財産をお金に換えて、最終的には債権者へ配当するようなことを行います。破産管財人に選任されるようになってから、わりと最初の方の事例でしたが、いきなり東北地方の不動産を売却しなければならない事例に遭遇しました。

まだ破産管財人として不動産売却をやったこともなかったのに、いきなり地方の不動産売却の話があり、ビックリしました。破産管財人に選任（内定）されてすぐの週末、新幹線に乗って東北地方の現地に行き、当該不動産を見てきました（ちなみに、すべてではありませんが、東京では、破産手続き開始決定は、水曜日の夕方5時にされることになっています）。しかも、破産管財人の管理を示す書類を、現地の建物入口に張り付けたりするわけです。

売却のための不動産業者も探さなければならず、週末に営業していた不動産屋さんへ飛び込みで入り、依頼をしたのでした。その不動産屋さんにも、「破産管財物件はやったことがないですがいいでしょうか」と聞かれました。

実際の売却の際の契約書は、こちらが修正しておいたところをその不動産業者が勝手に手を加えて、条項数がズレてしまい、最終的にまた私がいわゆる2度手間の修正をしたことがありました。

そんなこんなで、結果的には売却に成功し、ちょっとした配当にもなったのでした。

破産管財人という仕事は、破産者の財産を換価して形成した破産財団（財産）の中から報酬が支払われます。報酬額については裁判所が決めます。裁判所内部では、なんらかの報酬基準があるのだとは思います。

破産管財人の報酬が大きくて、債権者への配当が回らないという批判もよく聞きますが、破産管財人の仕事は、裁判所からの依頼ということもあり、余計にミスが許されないだけでなく、スピードを要求されるため、けっこう大変な仕事です。

しかも、多くの事件は、破産財団が十分に形成できず、配当にならないところ、破産管財人の働きがなければ配当自体につながらないのですから、ある程度は大目に見て欲しいものです。

第5章

あってよかった！　遺言書

さて、今までは散々、遺言がなくて困った事例ばかり紹介してきましたが、この章では、遺言があってよかった事例を紹介したいと思います。ただし、弁護士のところに来る話は、なんらかの点で、必ずしもいわゆるハッピーエンドにはなっていない事例が多いので、その点はあらかじめご注意申し上げます。

サッカー観戦帰りの交通死亡事故、母に全財産を残す遺言

とある日、サッカーが大好きな男性Aは、やはりサッカーが好きな母Dとともに、サッカー観戦に行く予定を入れていました。しかし、当日、母Dが体調を崩したために、Aが1人でサッカー観戦に行きました。なんと、その帰りにAは車に轢かれて亡くなってしまったのです。

Aは、もともと女性Bと結婚しており、子Cが生まれていましたが、女性Bが突然地方にある故郷へ帰ってしまいました。しかも、Bが勝手にAの署名・捺印

遺言書があってよかった例①

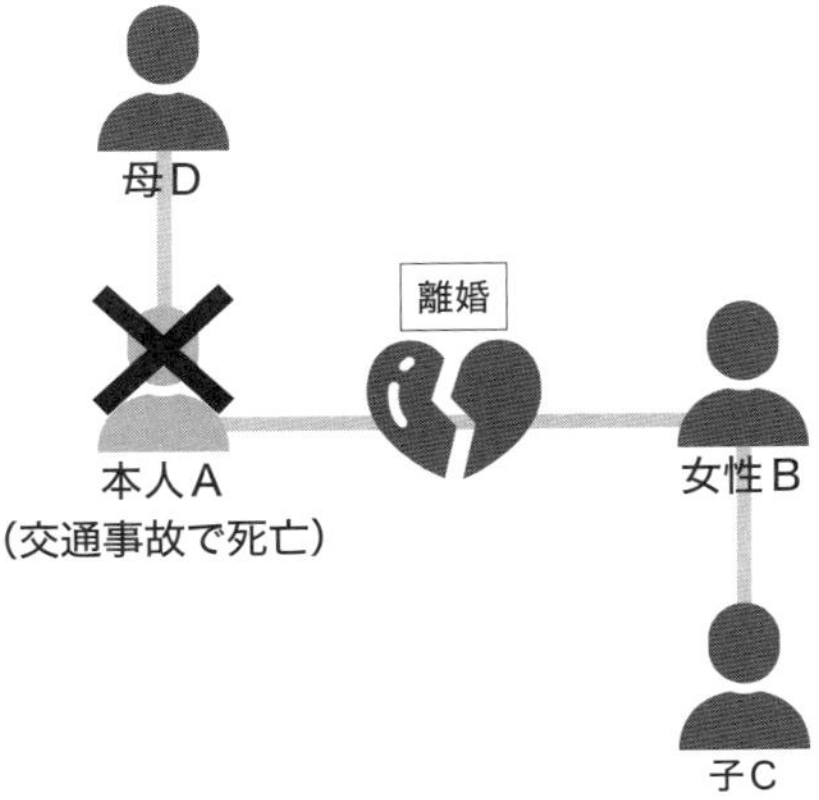

もして、離婚届を提出してしまったようです。これに対し、男性Aは、「Bがそういう意向なら仕方がない」と言って、離婚を受け入れていたそうです。

そのため、この男性Aは、亡くなった時点で独身だったわけですが、すでにAの父は亡くなっており、母Dと大変仲が良かったようです。どういう経緯があったかまでは分かりませんが、男性Aは、自分の財産をすべて母Dに相続させるという内容の自筆証書遺言を作っていたのでした。

無事に、家庭裁判所での遺言の検認（138ページ参照）も済ませ、交通事故による損害賠償請求権も含め、全財産が母Dへ相続されることになりました。ここまでは、遺言があってよかったという話です。

交通事故は、いつ誰に発生するのか分かりません。この事例のように突然死亡してしまうこともあるのです。しかし、Aは生前に遺言を書いていたために、残された家族・親族に遺産分割をさせることなく、自分の意思を実現させたのでした。

この本のテーマである「いますぐ、遺言書を書きなさい」に最もよくかなった事例なのです。ただし、地方にいる子Cが、遺言の存在を知ってから1年以内に、遺留分減殺請求権（151ページ参照）を行使してくる可能性はまだ残されています。

加害者は刑事事件としては不起訴、そして民事裁判へ

とりあえず相続や遺言の事例としては、とてもうまくいった事例といってよいと思います。しかし、この事例は、相続や遺言とは離れたところで、問題が発生しました。そう、交通事故に基づく損害賠償請求の点でした。

この事例は、まず加害者は、刑事事件としては不起訴となりました。自動車が走行した際、夜であり、片側3車線の横断禁止道路、しかも3車線の真ん中を走行していましたが、右前に自動車が走行していたために、その自動車の前を右から走ってきたAを衝突直前まで見付けることができなかった可能性があるという検察官の判断だったのでした。

素朴な疑問としては、なぜAは、わざわざガードレールや植木もあり車道への進入が困難な横断禁止の道路の中に入り、横断しようとしたのかというものがあります。相手方保険会社の人は、「自殺じゃないのですか」とまで言ってきまし

た。

この事例は、まず強制保険である自賠責の申請をして、ほぼ上限額がでました。ほぼとなったのは、地方にいる子Cの固有の損害も考えられるためでした。

その後、相手方の保険会社と交渉したのですが、自賠責分に加えた追加分は全く支払うつもりはないようでした。前述のとおり、自殺ではないかという主張までしてきたのですから。

そこで、損害賠償請求権をも相続した母Dは、裁判を起こしたのです。この事例で、相手方の弁護士は、紳士的な感じで「自殺」などの主張はしてきませんでした。しかし、過失割合の点で、3対7となり、しかも死亡したAの方が7割過失があるという判断となって、結果的に自賠責を超える請求は認められなかったのです。

その意味で、遺言書は役に立った事例なのですが、遺言書以外の交通事故のところで、ハッピーエンドとは言えないような結果になってしまったのでした。

ただし、遺言書がなければ、地方にいる子C及びその背後にいる元妻Bも、損害賠償請求に絡んでくる可能性があったため、もっともっと大変になっていたことでしょう。やはり、遺言書はいますぐ書くべきです。

父の死亡と遺産分割調停、その調停における不備、母の遺言

さて、また別の事例を紹介します。

もともと父Aが亡くなり、遺言もなかったので、母B、兄C、トラブルメーカーの弟D、及び妹Eの4人で、遺産分割調停をしていました。妹Eはアメリカに住んでいたため財産は要らないという前提で、母Bと兄Cが土地建物を取得し、その分で弟Dに代償金を支払ったのでした。そのような内容の調停が成立したわけです。

その後、母Bは「自分の財産をすべてCに相続させる」旨の自筆証書遺言を書

遺言書があってよかった例②

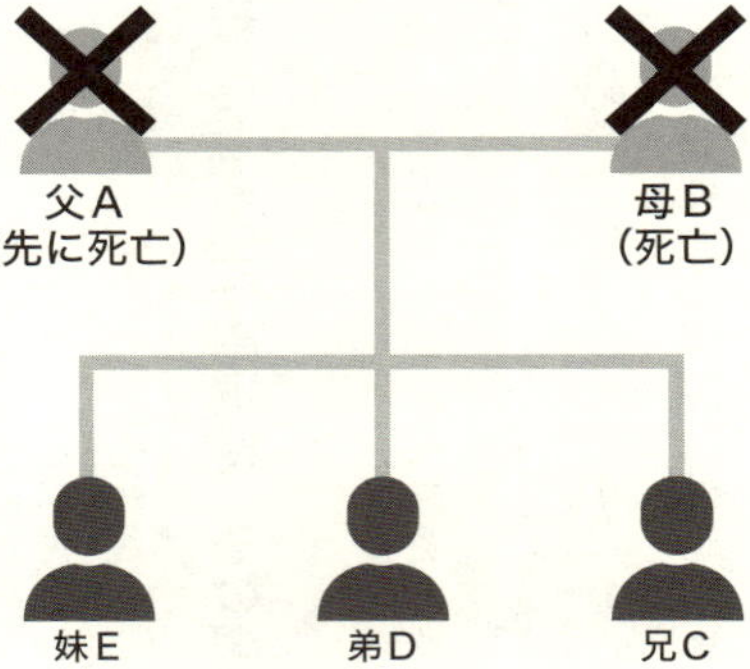

きました。そして、認知症が進行し、母Bには成年後見人が付きました。

その中で、成年後見人が、父Aの相続財産としての家の前の道路（私道）の共有持分権が調停の対象から抜け落ちており、遺産分割されていないことに気付き、そのための新たな遺産分割調停を申し立てたのでした。

しかも、その後、すぐに母Bが亡くなりました。申し立ててから間もなくで、調停も成立する前でした。

再び父の遺産を分割する調停

そして、再び家の前の道路（私道）の共有持分権という父Aの遺産に関する遺産分割をしなければならなかったわけです。そもそも、どうして前の調停で家の前の道路の共有持分権が抜けていたのかというと、これは前の調停を申し立てた弁護士の見落としではないか、と思われます。

遺産の中に不動産があれば、価値を把握する必要があるため、不動産業者に簡易査定を依頼することがよくあります。不動産業者に簡易査定などを頼めば、不動産業者は家にたどり着くまでの通行地の権利関係は当然気にするらしいので、前の弁護士が通行地の権利関係の確認を怠ったのかなという印象でした。もちろん、私がその立場にいたら気付かなかったかもしれないので、この辺に留めておきます。

それで、父Aの遺産としての、その家の前の道路の共有持分権を遺産分割するわけですが、弟Dとの間で話がまとまりません。前の調停で、代償金を200万円ほど支払ったようなのですが、弟は「さらに700万円を支払え」などと法外な要求をしてきました。

はっきり言って、この道路には取引価値がないところ、当方としては「前回の調停の際の代償金に含まれている」という主張をしました。結局、話し合いがまとまらず、裁判所の審判が下りました。価値はゼロという判断でした。そのため、改めての代償金を支払う必要はなくなりました。

結局、なんとか遺産分割は終わり、遺言もあったので兄Cが土地と建物を取得しましたが、Cは半身不随の障害を持っているため、もはやこの建物には住めないという判断をし、この土地建物は第三者へ売却して、自分は他の所へ引っ越すことを決めたのでした。

しかも、Cはそれなりに高齢であったためか、なかなか賃貸物件が見付からず、結局は、中古のマンションを購入することになったのでした。

この話の中で、母Bの遺言書はあまり目立っていないと思いますが、遺言書とはそういうものです。

遺言書があれば、遺言書でカバーできる部分のトラブルが起こらなくなるので、全体の話からみると、遺言書の存在はあまり目立たなくなるわけです。この事例も、母Bの遺言がなければ、兄Cは今回の調停で代償金ゼロでは済まなかったでしょう。そうなれば、弟Dとの間で泥沼の紛争が繰り広げられたことでしょう。この紛争を防いだのは、母の遺言書であり、子らに対する愛情でもあったのでしょう。

やはり、読者の皆様には、いますぐ遺言書を書くことをお勧めいたします。

コラム④ 弁護士の報酬額（一般事件など）

ここでは、弁護士費用について触れてみたいと思います。基本となる旧日弁連基準は、下のとおりです。いずれも消費税別です。

この中で、経済的利益の「部分」という言葉が曲者です。

たとえば、２０００万円を相手方へ請求するような事件の場合、まず３００万円以下部分として３００万円の８％である24万円が計算されます。

次に、２０００万円から３００万円を除

弁護士費用①

経済的利益	着手金	成功報酬
300万円以下の部分	8%	16%
300万円〜3000万円部分	5%	10%
3000万円〜3億円部分	3%	6%
3億円を超える部分	2%	4%

（消費税別）

いた1700万円について「300万円〜3000万円部分」ということで5%に当たる85万円が計算されます。その結果、2000万円の請求については、109万円（＝24万円＋85万円）が着手金となります。いずれも消費税別です。

そのため、実際の計算の際には、下の表の方が便利です。いずれも消費税別です。

たとえば、前述の2000万円を請求する事件であれば、5%である100万円＋9万円の109万円が着手金となります。

また、たとえば3億円を請求する事件の場合には、その3%である9000万円＋69万

弁護士費用②

経済的利益	着手金	成功報酬
300万円以下の場合	8%	16%
300万円〜3000万円の場合	5%＋9万円	10%＋18万円
3000万円〜3億円の場合	3%＋69万円	6%＋138万円
3億円を超える場合	2%＋369万円	4%＋738万円

（消費税別）

円の969万円が着手金となります。

以上が基本的な旧日弁連基準の考え方ですが、前述のとおり、現在は撤廃され自由化されていますので、弁護士により、また事例により、着手金額や報酬金額は様々です。依頼する方としては、安いに越したことはないでしょう。しかし、弁護士の立場として1つ言いたいこととしては、安物買いの銭失いには気を付けていただきたいです。

事務所を運営していくには、それなりの経費を伴います。そのため、あまり着手金等を安くし過ぎると、事務所を維持するためには数多くの事件を受任する必要が生じます。そして数多くの事件を受任すると、1つの事件あたりに掛けられる時間が少なくなり、結果的に、いい加減な処理をするような弁護士もいるということです。

とは言っても、金額が高ければいいというものでもないでしょう。弁護士は、傭兵であったり、喧嘩の助っ人であったりするわけです。勝ち負けは値段に変えられない場合もあり、さらにまたスキルの巧拙があるだけでなく、法律知識以外にもたとえば心理学の知識を持っていたりなど、簡単に値段の鑑定ができない側面もあります。

結局は、信頼できる弁護士を見付け、納得できる金額でやってもらうしかないわけです。よく分からないブランドの個別オークションに近いのかもしれません。

なお、相続事例の場合は、単純に請求金額を経済的利益と見るわけでもありません。基本的には、争いがなければ法定相続分では相続できるわけですので、争いがない場合には、経済的利益を3分の1にしたりすることが多いのかなとは思います。

ただし、自分が10で相手が0など、ガンガンに全面的に争っている場合には、報酬金額も別途考慮が必要でしょう。

第6章

効果のある遺言書、効果のない遺言書の分かれ目

弁護士のところに依頼が来る相続案件としては、遺言書がないために遺産分割で揉めるケースが多いのですが、遺言書があっても、揉めるケースはよくあります。

自筆証書遺言で要件を満たしていない場合や、そもそも遺言の内容で遺留分（151ページ参照）について全く配慮していない場合などです。ただし、遺言で遺留分が侵害されている場合の遺留分減殺請求に関しては、分かっているのにあえて対処しない遺言者もいるようです。その辺になると、遺言者の自由としか言いようがありません。

さて、ここで紹介する事案は、自筆証書遺言で、ハンコのなかったケースです。

存在した公正証書遺言と存在した2つの自筆証書遺言

資産家であった父が亡くなり、姉、兄、妹の3人が残されました。父は、公正証書遺言を残していました。

しかし、その遺言の内容が、姉の遺留分を侵害していました。この遺言は「古びた自宅を姉、株式を兄、高級マンションを妹に」というように、預貯金のほかに、物ごとに承継者を定めたものでした。これはこれで分かりやすいのですが、物によって大きく価額に差がありました。

遺言者がこの価値の差についてどれだけ認識していたのかはよく分かりませんが、この件は、遺言書作成に弁護士等の専門家が加わらず、遺留分を意識しないで書かれている遺言のようでした。

私は妹側の代理人だったのですが、相手方である姉は、遺留分減殺請求をするために裁判を起こしてきました。

さらに、先の公正証書遺言の内容を少し修正する内容の、自筆証書遺言が新たに出てきました。この自筆証書遺言は、あとから遺言者の判断能力の点で、その有効性を争われることになりました。

公正証書遺言と自筆証書遺言のほかに、さらにそのあとの日付の新たな自筆証書遺言も見付かりました。あとからの自筆証書遺言は、遺言者が考え直したのか、先の公正証書遺言や先の自筆証書遺言の内容よりも、妹に対しさらに有利に書かれていました。

しかし、致命的なミスが、この一番新しい自筆証書遺言にはありました。それは、捺印がなかったのです。詳しくは第7章で述べますが、捺印がない自筆証書遺言は無効となってしまうのです。

例外的に、指印を押された遺言書を有効とした判例はあるようですが、指印も捺印もない自筆証書遺言はどう考えても無効です。この件は、無効なのは分かっていて、ダメもとで有効という主張がなされた事案でした。

なお、内容が相矛盾する適式な遺言書が複数出現した場合には、どうなるのでしょうか。これについては、日付が最新の遺言が有効となります。矛盾した部分は、新しい遺言によって書き換えられたものとみなされます。

遺言書があっても紛争になった例

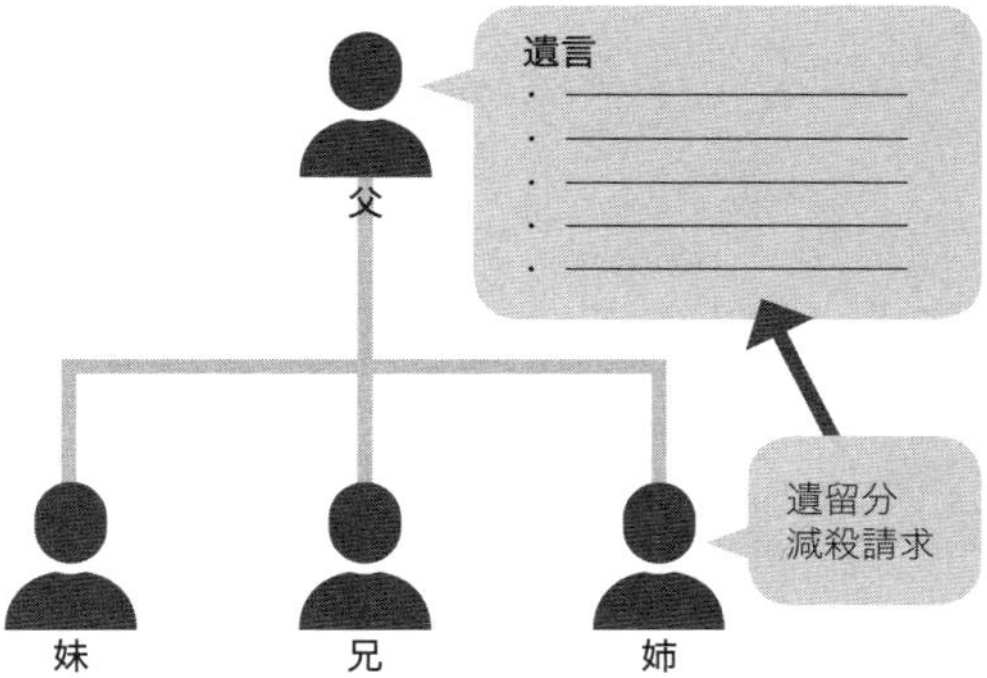

さて、なぜ全般的に妹に対して有利な内容の遺言状になっているのかについては、どうやら父が晩年、体調を崩してからは、妹が父の生活の面倒を見ていたらしいのです。

以前の章で、介護をしても寄与分は増加しないと述べましたが、生活の面倒を見るなどした介護の努力を反映した遺言を遺言者が作れば、有利な遺言になることもあります（22ページ参照）。つまり、一生懸命に介護してくれた妹の相続分を、遺言で増やすのです。

バリバリの遺留分減殺請求裁判

姉から遺留分減殺請求を行使する裁判が起こされたことは既に述べましたが、裁判よりも前に、遺留分減殺請求権を行使する通知書が届きました。

遺留分減殺請求権は、遺言の内容を知り、自分の遺留分が侵害されていることを知った日から数えて1年間が経過すると、権利の行使が認められなくなってしまう性質の権利です。

そのため、普通は遺言者の死亡から1年以内に、権利者から遺留分減殺請求権を行使する旨の簡単な内容の内容証明郵便が配達証明付きで送付されてくることが多いのです。

これは遺留分減殺請求の裁判であり、しかも認知症も患っていた遺言者の判断能力に関して、証券会社が先の自筆証書遺言の有効性に疑義を持った事例でありました。

そのため、裁判所が「先の自筆証書遺言は有効だ」と言っても、証券会社がこの裁判所の判断からは独立して動いてしまう可能性がありました。先の自筆証書遺言の有効性を確定させるために、独立して兄と証券会社が遺言無効確認の訴えまでやったのかどうかは、私には定かではありません。

なんとか訴訟上の和解成立

この案件は、亡くなった父が、形見分けが必要な遺品として、鷲のはく製を残していたり、父のアルバム写真を3人分にコピーすることを要求されたりなど、裁判外での手間の掛かる事案でした。

父のアルバム写真は、古くなり、写真をくっつける粘着性のあるページが硬くなって、あたかもアルバムに糊付けされているかのような状態でした。このアルバムが当方の元にあったため、インターネットでアルバムをコピーしてデータ化してくれる業者を探して訪問したりしました。

しかし、その業者は、アルバムから写真を剥がす際に破れる可能性があるとして受任してもらえませんでした。そこで頑張ったのが、姉の代理人弁護士でした。紛争を解決するために、自分（事務所の事務員）の手で優しく1枚ずつなんとか剥がして、コピーしてデータ化もしたそうです。

1つの事案の中の遺言といっても、
①ハンコがなく、そもそも有効でない新しい自筆証書遺言
②遺言書作成時に認知症などで既に判断能力がなかったと判断されるとすれば無効となってしまう先の自筆証書遺言
③遺留分侵害について配慮していない公正証書遺言
が存在し、遺言の数だけ紛争が増えた感じの案件でした。

結局、この事案は有利な高級マンションをもらった妹が数百万円を姉に支払う訴訟上の和解が成立して終了しました。

さて、ここで私が言いたかったことは、

ⅰ遺言者の判断能力に疑義が生じないこと
ⅱ自筆証書遺言ならすべての要件（捺印など）を満たしていること
ⅲ遺留分侵害について対処してあること

という3つを満たす遺言は効果のある遺言であるのに対し、どれか1つでも欠く遺言は、むしろ紛争を激化させてしまう可能性すらあるということです。

ここら辺が、うまくいく遺言とうまくいかない遺言との分かれ目なのかなと思っています。他の章で取り上げた遺言も、この3つの観点から、うまくいったかどうかを分類できるでしょう。

そこまで分かったうえで、いますぐ遺言を書いてください。できれば弁護士などの専門家に相談した方がよいと思います。

コラム⑤ 弁護士の勤務形態（経営者なのか、勤務者なのか）

読者の皆様は、弁護士の勤務形態について、ご存じでしょうか。

弁護士の勤務形態としては、ボス弁（法律事務所経営者、単独が多い）、パートナー弁護士（共同経営者）、イソ弁、アソシエイト弁護士、軒弁、ジュニア・パートナー（パートナーよりも地位や負担経費額が下）、即独（そくどく）など、いろいろな呼び方があります。

まず、弁護士になったばかりの多くの弁護士は、どこかの法律事務所へ就職するわけです。そして、自分で仕事を取ってくることは、すぐにはできないので、ボス弁が取ってくる仕事を手伝うわけです。毎月、一定額の給料のような報酬をもらう弁護士をイソ弁（または、アソシエイト）と呼びます。

そして、イソ弁を何年かやって、自分である程度仕事を取ってこられるようになると、事務所の軒先を借りて弁護士業務を行う軒弁になったり、ジュニア・パートナーとなって、事務所にある程度の経費を入れるようになります。

軒弁は、経費を入れるパターンと入れなくていいパターンと両方あるようです。パートナーとジュニア・パートナーの両方が存在する事務所では、ジュニア・パートナーが事務所に納める経費額は、パートナーよりも低額であることが普通だと思います。

事務所を共同で経営している場合には、経営している弁護士を全員、パートナー弁護士と呼んだりします。ちなみに、私が最初に就職した事務所では、新人も最初からパートナー弁護士でした。「パートナー」という呼称であっても、事務所に入れる経費額の比が一律とは限りません。たとえば、パートナーが2人の場合でも、同じ額を入れているとは限りません。ここら辺は、パートナーが合意してやっているわけです。毎月入れる経費も、定額の事務所もあれば、事件ごとに一定の割合を入れる事務所もあるようです。

のちに独立して自分の法律事務所を立ち上げる人もいますし、事務所の中でパートナー弁護士になることをもって、独立や経営参画と呼ぶ人もいるようです。

そして、弁護士が余っていると言われている時代ということもあって、就職先が見付からず、即時に独立する弁護士もいて、即独と呼ばれたりします。弁護士の就職難は、多少、解決の方向へ向かっているようです。

なお、一般的に、弁護士の数が増えたこともあり、弁護士業界の経営は、昔よりも苦しくなっているとも言われています。

第7章

遺言書はいつ書くの？　いまでしょ！
ではどうやって書くの？

これまで遺言書とはどういうものか、遺言書がなくて困った例、遺言書があってよかった例などを紹介してきました。この章では、本書のまとめとして、実際にあなたが書くことになる遺言書の種類と、正しい書き方について整理してみます。

遺言の主な種類

遺言の方式（種類）としては、まず「普通方式」と「特別方式」があります。

特別方式とは、遺言者に死期が迫っている場合などの特別な状況下で書かれる遺言書です。通常は普通方式で遺言書を作成します。

そして、普通方式には、「自筆証書遺言」「公正証書遺言」「秘密証書遺言」の3種類があります。

一方、特別方式には、「危急時遺言（臨終遺言）」と「隔絶地遺言」があります。

危急時遺言には、「一般危急時遺言（一般臨終遺言）」と「難船危急時遺言（難船

遺言書の種類

普通方式	自筆証書遺言	
	公正証書遺言	
	秘密証書遺言	
特別方式	危急時遺言（臨終遺言）	一般危急時遺言（一般臨終遺言）
		難船危急時遺言（難船臨終遺言）
	隔絶地遺言	伝染病隔離者遺言（一般隔絶地遺言）
		在船者遺言

臨終遺言）」があります。また、隔絶地遺言には、「伝染病隔離者遺言（一般隔絶地遺言）」と「在船者遺言」があります。

つまり、7種類の遺言の方式（種類）があります。ただし、秘密証書遺言は、遺言の内容を秘密にしておくことができますが、手続きが複雑で費用も掛かるという短所があります。それ以外の、「特別方式」の遺言にいたっては、普通は知る必要もないと思います。

ですので、本書では実際によく利用され、すでに何度も登場した、「自筆証書遺言」「公正証書遺言」の2つに絞って解説します。

自筆証書遺言

まず、「自筆証書遺言」とは、遺言者が遺言書の全文、日付、及び氏名を自分で手書きし、これに押印することによって成立する遺言です。

自筆証書遺言では、遺言書の全文は遺言者が自筆で表示した意思が正確に示されれば、どのような表現でも差し支えないとされています。自筆証書遺言のサンプルは、すべて手書きされているという前提で眺めるようにしてください。そうでないと無効になってしまいます。

たとえば、文章は、英語をはじめとする外国語、略字、速記文字などでもよいとされています。しかし、パソコン、ワープロ、タイプライター、点字機を使ったものや、テープレコーダーに吹き込んだものは自筆証書とはなりません。本書に載せたサンプルの遺言書は紙1枚のものですが、全文を紙1枚のみで仕上げなければならないというものではありません。紙が数枚になっても、それが1つの遺言書であることが確認されればよいです。

次に、作成年月日のない遺言書は無効です。年月だけで日の記載のないものも無効です。

ただし、遺言書の日付は必ずしも遺言書本文に自書する必要はなく、遺言書を封筒に入れ、封印の上、その封筒に日付が自書してあるものでも差し支えないとされています。

さらに、日付は、暦の日でなくてもよく、「○歳の誕生日」とか、「還暦祝賀の日」のように、正確に年月日を知り得る日であれば差し支えないです。しかし、○年○月吉日というのは、日付のない無効なものとみられます。

また、誤記であること、及び、真実の作成日が遺言書の記載その他から容易に判明する場合には、日付が誤っていても有効です。さらに、氏名は、氏と名を合わせて書かなくても、氏または名だけでも人物の同一性を示す場合は有効です。雅号や通称でも有効です。

また、押印に関しては、遺言者自身の印であることが必要ですが、実印でなくても構いません。認印でも拇印でもよいとされています。

遺言書の本文の自署名下に押印がなかったとしても、その封筒の封じ目に押印があれば足ります。自筆証書遺言は自分で書くものなので、簡単であり、費用も掛からないという長所がある一方で、遺言書の紛失・偽造・変造のおそれがあり、検認が必要となるという短所もあります。

検認とは、相続人に対し遺言の存在及びその内容を知らせるとともに、遺言書の形状、加除訂正の状態、日付、署名など、検認の日現在における遺言書の内容を明確にして遺言書の偽造・変造を防止するための手続きです。遺言の有効・無効を判断する手続ではありません。家庭裁判所で相続人の立ち合いの下、開封することが必要なのです。

公正証書遺言

次に、「公正証書遺言」とは、2人以上の証人の立ち会いを得て、遺言者が公証人に遺言の趣旨を口授《くじゅ》し（聴覚・言語機能障害者については、手話通訳または筆談によって口述に代えることができる）、公証人がこれを筆記して遺言者及び証人に読み聞かせ（または閲覧させ）、遺言者及び証人が筆記の正確なことを承認した後、各自が署名・押印し、公証人が方式に従って作成された旨を付記して署名押印する方式をとる遺言です。

公正証書遺言は、公証役場で作成するのが一般的ですが、病気や怪我で公証役場へ行けない人であっても、公証人に出張を頼めば自宅や病院等で公正証書遺言を作ることができます。また、遺言者が署名することができない場合は、公証人がその事由を付記し、署名に代えることができます。

公正証書遺言は、遺言の存在と内容が明確であり、遺言の執行に検認を受ける必要がないという長所がある一方で、存在や内容を完全には秘密にできず、手続きが複雑で費用も掛かる短所があります。

秘密証書遺言

ちなみに、普通方式の遺言書である「秘密証書遺言」は、まず遺言者または第三者の書いた遺言書に署名押印し、その証書を封じて証書に用いた印章で封印し、公証人1人及び証人2人以上の前に封書を提出し、自己の遺言書である旨、また遺言書が他人によって書かれている時は筆記者の氏名・住所を申述（伝達）し（聴覚・言語機能障害者は手話通訳による申述が認められる）、次に公証人が封紙に証書を提出した日付及び遺言者の申述を記載し、おわりに遺言者・証人・公証人が、封紙に署名押印するという方式の遺言です。

いつ、どうやって書くべきか

では、いつ、どうやって遺言を書けばいいでしょうか。簡単ではありますが、一般的な手順について解説します。

①財産を整理してリストアップする

遺言を書く前に、まずは、自分の財産を整理してリストアップしてみてください。預貯金口座の通帳も出してきてください。株式やゴルフ会員権を有している人は証券を探したり、リスト化したりしてみてください。土地・建物・マンションを持っている人は、不動産登記簿を用意してください。

②相続人をピックアップする

また、自分の相続人もピックアップしてみてください。第2章に書いたとおり、配偶者は基本的に常に相続人になりますが、この他には、子（孫）、親（祖父母）、及び、兄弟姉妹（甥・姪）が、この序列で、相続人となります。戸籍謄本も取得してみてください。

③誰に何を相続させるのか決める

そして、誰に何を相続させるのか考えてみてください。相続させる条件や、相続から廃除（外すこと）したい人がいれば、それも考えてください。相続させる金額について、この人には増やしたいとか、あの人には減らしたいといったことも考えます。相続人ではない人に対しても、財産を分けること（遺贈）はできます。たとえば、子どもがいても、子を飛び越えて孫に遺贈することも可能です。ただし、遺留分の存在は意識してください。

遺言書の作成手順

①財産を整理してリストアップする
・自分の財産を整理してリストアップする
・預貯金口座の通帳を用意する。株式やゴルフ会員権などを有している人は証券を探し、リスト化する
・土地・建物・マンションなどの不動産を持っている人は、不動産登記簿を用意する

↓

②相続人をピックアップする
・相続人をピックアップする
・配偶者は基本的に常に相続人になるが、子(孫)、親(祖父母)、及び、兄弟姉妹(甥・姪)の序列で相続人となる
・戸籍謄本も取得する

↓

③誰に何を相続させるのか決める
・誰に何を相続させるのか考える。相続させる条件や、相続から廃除したい人がいれば、それも考える
・相続させる金額、この人には増やしたい、あの人には減らしたいなども決める

↓

④遺言の形式を選ぶ
・相続の詳細が確認できたら、遺言の形式を選ぶ。自筆証書遺言にするのか、または、公正証書遺言にするのか
・選んだ形式に沿って遺言書を作成する
・遺言書の最後には、遺言を作成した思い(付言)を書いておくとよい

④遺言の形式を選ぶ

相続の詳細が確認できたら、遺言の形式を選びます。自筆証書遺言にするのか、または、公正証書遺言にするのか。

私としては、せっかく作った遺言が無効になってしまったら、とてももったいないので、公正証書遺言をお勧めしています。さらに、弁護士などの専門家にも相談し、アドバイスを求めた方がいいです。場合によっては、専門家に遺言書の文案の作成や遺言執行者への就任なども依頼するといいと思います。

遺言書の最後には、遺言を作成した思い（付言）を書いておくといいと思います。これで、遺言を作ることができます。

念のため、自筆証書遺言を作りたい人のために、具体的な手順について次に説明します。

自筆証書遺言の書き方

まず便箋などの紙と筆記用具を用意します。あくまで、自分の手で書きます。「パソコンやワープロで作成した自筆証書遺言が無効」であることは前述しましたが、下書きだけをパソコン等で作成のうえ、新しい紙に手書きで清書するのはOKです。

自筆証書遺言は、自分の手で書かなければならないので、どんなに字が下手であっても子や配偶者に書かせてはいけません。

鉛筆や消せるボールペン、修正液・修正テープなどは使わないでください。無効と判断される可能性が高くなってしまいます。

印鑑を用意してください。正式には印章と呼ぶらしいです。可能な限り実印や銀行印が望ましいですが、三文判やいわゆるシャチハタでもOKです。実印や銀行印の方が、あとで、本人が作成したことについて争いが出にくくなります。封筒も用意した方がいいです。遺言書の紙の保存状態が良くなるからです。

遺言書作成手順の③で、誰に何を相続させるのかを決めたので、手順①でリストアップした財産について、書き漏らしがないように、誰に何を相続させるのかを書くわけです。

ただ、あいまいな表現では、かえって遺族らに争いを残してしまうので、遺言書のサンプルを参考にしてみてください。銀行の口座番号などは何度も確認して絶対に間違えないようにしてください。数字が1つ違うだけで、違う口座とみなされる可能性が高いです。

また、実際に遺言書を執行する「遺言執行者」も、決められるようなら決めたうえで、書いてみてください。墓の管理人（祭祀承継者）も決めて書いた方が後で遺族の争いが減ると思います。繰り返しますが、すべて手書きで書いたうえで、手書きで署名をして、印鑑を押します。

自筆証書遺言を書いてみたものの、書き損じてしまった場合は、どうすればいいでしょうか。基本的には書き直すべきでしょうが、長文の遺言書になった場合は大変ですよね。民法の条文（968条2項）には、「自筆証書中の加除その他の変更は、遺言者が、その場所を指示し、これを変更した旨を付記して特にこれに署名し、かつ、その変更の場所に印を押さなければ、その効力を生じない」と規定されています。

どういうことかと言うと、条文を分解した場合、次のようになりそうです。①遺言者自身が訂正する、②変更の場所を指示して変更したことを付記する、③付記した部分に署名する、④変更した場所に押印する、です。ちょっと分かりにくいですね。

たとえば、書き損じた場合は、その箇所を訂正して、訂正印を押すとともに、最後の方などに「本遺言書5行目『普通』を『定期』に訂正した」と付記したうえで、この付記の箇所にも署名をします。

自筆証書遺言書のサンプル

相続人ごとに相続内容を記載する

遺言書

遺言者佐藤一郎は、この遺言書により次のとおり遺言する。

1　妻佐藤百合子（昭和〇〇年〇〇月〇〇日生）には、下記不動産を相続させる。

(1)　一棟の建物の表示
　所　在　横浜市〇〇区〇〇町〇〇番地〇
　建物の名称　〇〇マンション

(2)　専有部分の建物の表示
　家屋番号　〇〇町　〇〇番〇の201
　建物の名称　201
　種　類　居宅
　構　造　鉄筋コンクリート造1階建
　床面積　2階部分　82・45㎡

(3)　敷地権の表示
　所在及び地番　横浜市〇〇区〇〇町〇〇番〇

地　目　　宅地
地　積　　２３１２・２６㎡
敷地権の種類　所有権
敷地権の割合　４０４４５５分の７３８２

２　長男佐藤太郎（昭和〇〇年〇〇月〇〇日生）には、下記預貯金を相続させる。
（１）〇〇銀行〇〇支店の普通預金１２３４５６７、定期預金７６５４３２１の遺言者名義の全額
（２）ゆうちょ銀行の遺言者名義の貯金全額

３　その他遺言者に属する一切の財産を長女鈴木秋子（昭和〇〇年〇〇月〇〇日生）に相続させる。

４　祭祀承継者として、長男佐藤太郎を指定する。

５　この遺言の遺言執行者に、遺言者の長男である佐藤太郎を指定する。

平成30年10月20日
神奈川県横浜市〇〇区〇〇町〇〇番〇
遺言者　佐藤　一郎　㊞

作成日は必ず記載する

墓の管理人を指定

遺言執行者を指定

印鑑を押す

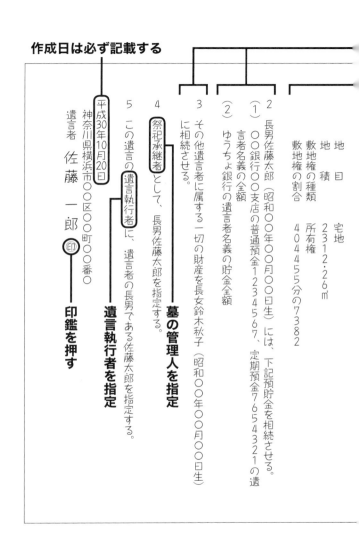

遺言書を書いたあとは、封筒に入れて、封印とか糊付けをした方が良いかと思います。そして、どこかにしまっておくことになりますが、金庫の中にしまっておくのが一般的でしょう。たんすの中に無造作に入れておくと、なくなってしまったり、死亡したあともその遺言書が親族の目に触れずに放置されてしまう可能性すらあります。こうなると、もはや、わざわざ遺言書を書いた意味すら消失してしまいます。誰か信頼できる人に遺言書の存在を言っておくことも必要かもしれません。

では、いつ作るべきなのでしょうか。ここまで読んでいただいた方であれば、もうお分かりですよね。いまです。いますぐに、遺言書を作成するべきです。数々の事例を紹介してきましたが、どれも、きちんとした遺言があれば、紛争を防ぐことのできた事案ばかりだと思います。

つまり、紛争を発生させるかどうかは、キツイ言い方をすれば、死亡した者の責任なのです。自分が死んだ後、家族や親族にトラブルを生じさせたくない人は、いますぐに遺言書を書いてください。人間は、明日死ぬかも分かりません。「自分には関係ない」と思っていても、いつかその日がやって来ます。

おそらく、紹介した事案の亡くなった方々も、まさか自分の死後、家族や親族たちがここまでモメルとは、全く思っていなかったはずです。自分が死ぬことによって、家族や親族に紛争が勃発するとしたら、それは、悲しい出来事以外の何物でもありません。

遺留分減殺請求権に注意する

遺言書を作るうえで、絶対に考慮しておかなければならないのが「遺留分」です。遺留分を侵害してしまうと、せっかく有効な遺言を作っても、死亡から基本的に1年以内に紛争が勃発してくるからです。

遺留分とは、法律上定められた相続人が最低限の遺産を受け取る権利のことで、法定相続分の半分です。そのため、4人家族で、夫が死亡し、妻、子1、子2が残された場合、妻には4分の1、子たちにはそれぞれ8分の1を最低限、相続させなければなりません。死亡した人の兄弟姉妹には、遺留分はありません。

この遺留分を侵害してしまうと、遺留分減殺請求がなされるわけです。

遺言者の中には、これを予見しつつも、あえて遺留分を残さない人もいますが、私は全くお勧めできません。内容証明郵便が送られてきた後、結局、家庭裁判所に遺留分減殺請求調停が起こされ、上記のとおりの割合分の財産は遺留分侵害として認められてしまうからです。

このインターネット全盛の時代で、遺留分が気付かれずに済むとか、「どうせ知っても行使してこないだろう」という見方は、10年間、他人の相続紛争を見てきた私に言わせれば、甘すぎる認識と言わざるを得ません。

他人に言われて、行使してくる人も非常に数多くいるのです。遺留分減殺請求を行使されたら、もう感情論は通用しません。厳密に法律が適用され、判断されるしかないのです。

逆に、遺言を作る際に、遺留分まで配慮して作ることができれば、それこそ、戦わずして勝つための遺言です。これで、残された家族をトラブルに巻き込ませず、ある意味で安心して死んでいくことができます。

もちろん、どうしてもの場合には、紛争が起きることを覚悟したうえで、「どうしても妻の生活を保障したいので、遺留分侵害については遺留分減殺請求権は行使しないで欲しい」などの付言を書くこともやってみるべきかもしれません。

公正証書遺言を依頼するには

散々、「いますぐ遺言を書きなさい」と言っていますが、なかなか自分で作るのは難しいところもあるかと思います。そのため、公正証書遺言を弁護士に依頼して文案を書いてもらうということも、選択肢の1つに入れておいて損はないかと思います。

公正証書遺言書それ自体は、公証人に作ってもらいます。公証人は、裁判官や検事のOBがやっていることが多いそうです。作ってもらうとは言っても、遺言書の内容や文章自体はあらかじめ自分で決定しておく必要があります。

公証役場に電話して、公正証書遺言書を作りたいと言えば、来場日時などの話になるでしょう。寝たきりなどで公証人に出張してもらうこともできるようですが、その分の費用が掛かりますので、基本的には自分で公証役場に行って、公正証書遺言を作ってもらうことになります。

財産を整理してリストアップし、相続人が誰かを調べ、法定相続人以外の人も含め誰に何を分けるのかを考えるまでは、自筆証書遺言と同様です。

その後、弁護士に依頼する場合は、打ち合わせのうえ、公正証書遺言の文案を弁護士に書いてもらうことになります。弁護士に頼めば、公証役場への連絡や来場日時の段取りなどもやってくれます。また、公正証書遺言には証人が2人必要なのですが、場合によっては、弁護士や公証人が紹介してくれるかもしれません。

公証人に頼む際には、次の書類が必要です。

- 遺言者の印鑑証明書
- 遺言者と相続人との関係が分かる戸籍謄本
- 受遺者（遺贈を受ける人）の戸籍謄本
- 相続人以外で遺贈をする場合はその人の住民票
- 会社などの法人に遺贈する場合は当該法人の登記簿謄本
- 財産特定のための不動産登記簿謄本
- 固定資産評価証明書、預貯金の通帳（写し）、及び証人予定者の住民票

また、遺言書を公正証書遺言で残す場合には、公証役場の手数料が掛かります。

まず、基本となる手数料額ですが、次ページの表のようになります。

この基本金額を基に計算をすることになります。

具体的な手数料の計算方法は、財産の相続または遺贈を受ける人ごとに、その財産の価額を算出し、これを基本金額に当てはめて、その価額に対応する手数料額を決め、これらの手数料額を合計して遺言書全体の手数料を計算します。さらに、全体の財産が1億以下の時は、1万1000円が加算されます（遺言加算）。

具体例を用いて説明してみます。相続人が妻、長男、長女の3人で、妻に5000万円、及び長男と長女にそれぞれ2500万円の預金を遺言により相続させる事例を考えてみます。分かりやすくするために、不動産などの財産は他にないものと仮定します。

相続財産の総額は1億円です。この場合、2万3000円×2＋2万9000円＋1万1000円（遺言加算）＝合計8万6000円となります。

公正証書遺言の手数料

目的財産の価格	手数料
100万円まで	5,000円
200万円まで	7,000円
500万円まで	11,000円
1000万円まで	17,000円
3000万円まで	23,000円
5000万円まで	29,000円
1億円まで	43,000円
3億円まで	43,000円に5,000万円超過する毎に13,000円追加
10億円まで	95,000円に5,000万円超過する毎に11,000円を追加
10億円超〜	249,000円に5,000万円超過する毎に8,000円を追加

※全体の財産が１億以下の時は、遺言加算といって、11,000円が加算されます。

さて、公正証書遺言書を弁護士に依頼して文案を書いてもらった場合の報酬額ですが、弁護士の報酬額は自由化されているので、その弁護士と話して、いくらで何をどこまでやってもらえるのかを決める必要があります。

ここでは、あくまで目安の１つとして、旧日弁連基準の金額（消費税別）をご紹介するに留めておきます。たとえば、非定型の公正証書遺言作成で、不動産の価値も含めて、遺産総額２９００万円の

弁護士の遺言書作成報酬の目安額

定型	10万円〜20万円	
	経済的利益	
非定型	300万円以下の場合	20万円
	300万円〜3000万円	1%＋17万円
	3000万円〜3億円	0.3%＋38万円
	3億円を超える場合	0.1%＋98万円
	特に複雑、特殊	協議により定める額
公正証書化	＋3万円	

（消費税別）

場合には、２９００万円×1％＋17万円＋3万円＋消費税＝29万円＋17万円＋3万円＋消費税＝49万円＋消費税＝52万９２００円が目安の金額となります。しつこいようですが、あくまで目安に過ぎないですよ。

ちなみに、正直に言うと遺言書作成は、なるべくプロに依頼した方がいいかと思います。職業柄、せっかく自分で遺言書を作っても様々な不備がありトラブルが解決しないような事例も数多く見てきているためです。

遺言執行者、不在者財産管理人、相続財産管理人など

遺言書が存在する場合、その内容を実現・執行する人が必要です。これを「遺言執行者」と言います。遺言書の中で指定されていれば、通常はその指名された人が遺言執行者となります。

一方、遺言書の中で遺言執行者の定めがなかったり、指名された人が体調等の理由により執行できない場合には、家庭裁判所に遺言執行者選任の申し立てをして、裁判所に選んでもらいます。これは通常、弁護士が選任されるかと思います。私も、遺言書の中で遺言執行者に指名されているものもありますし、家庭裁判所から選任されたものもあります。

私が大変だったのは、相続人の間で争いが激しいような事案でした。その人には、最初、弁護士が代理人として就いていたのですが、途中で辞任してしまいました。

そのため、その人からの「いつ、遺言執行は終わるのですか？」「私は遺言執行者の報酬を払いたくありません」などと、延々と電話で、無駄な話を聞かされるわけです。相手に関係なく当然のことですが、預貯金の配分の計算を間違うわけにはいきません。


さて、その人から質問されたこともあって、遺言執行者の報酬がいくらなのか、事前に裁判所に質問したことがありました。裁判所の回答は、

「正式な報酬付与申し立てもないのにお答えできません。もし正式な報酬付与申立てがあれば、郵送で審判書を送りますので、いずれにしても、電話では答えられません」

というものでした。裁判所の書記官は、「ものの本には載っていると思います」と言っていましたが、その手の本は見付からず、「ものの本って何だ？」という疑問が湧いただけでした。そして、遺言執行者は、その職務期間中、家庭裁判所からの監督を受けるわけではないというのが、ちょっと驚きでした。

とは言っても、困難事案という評価を得られたのか、その案件の報酬はちょっと高めに出たという記憶があります。

似たような概念で、「不在者財産管理人」というものがあります。

相続が発生し、遺言書もなく、遺産分割が必要なのに相続人の一人がいない場合などに使われます。本格的にいない場合には、失踪宣告がなされ、死亡と同様に扱われるわけですが、どこに住んでいるかは分からないが、運転免許証の更新にだけは現れるなどの事情があると、失踪宣告はなされません。

そして、不在者財産管理人として、不在者の所在について調査したり、財産管理行為をしたり、遺産分割をしたりということをやります。

その他には、「相続財産管理人」というものもあります。

最近では、成年後見をやっている時に、被後見人が亡くなると、成年後見人が引き続くような形で、相続財産管理人に選任されたりします。相続人の代表者が資料を受け取れるようになるまで、財産を管理するなどの仕事です。
実は、この相続人の代表者が資料を受け取るという行為は、簡単なように聞こえて、揉めている事案においては、全く簡単ではないどころか、非常に大変です。そこら辺を、相続人の代理人であれば弁護士という立場を使いながら、相手方を説得する作業が必要になったりします。

超高齢化社会とも言われていますので、「成年後見人」についても書いておきます。成年後見人については、既に判断能力のなくなっている人に付く「法定後見」と、まだ判断能力はなくなっていないものの将来判断能力がなくなった時に付いてくれるように、あらかじめ契約しておく「任意後見」という2パターンがあります。ただし、法定後見に比べて、任意後見はまだそれほど多く普及しているとは思われませんので、法定後見に絞って書いていきます。

成年後見人（法定後見）に選任されると、被後見人本人に代わって施設入所契約、不動産売却などの法律行為をしたり、財産管理を行ったりします。

最低でも1年に1回は、家庭裁判所に対し、本人の財産状況などについて報告をします。認知症や障害のある人に対する広い意味でのお世話を家族に押し付けないような社会にするために、必要な制度であると考えています。

最近は、後見人報酬を気にしてか、専門職よりも親族を後見人として選任すべきだという論調もあるようですが、日弁連の障がい差別禁止法制特別部会に所属し、障害のある人について権利擁護をやっている私としては、障害自己責任論は社会の中で克服していきたいです。

「障害があるのは自分のせいなので、自分の責任で対処すべきであり、ちょっと拡張して、家族で面倒を見なければならない。ここに税金を投入するなんてもってのほかだ」、などという意見もあります。

これに対し、私は、自己責任ではなく、いわば社会責任として、社会の中で支え合っていくべきだという考え方です。障害自己責任論に力を与えないようにしていって欲しいものです。

さて、遺言書を書くといっても、サンプルを意識して書けばそれだけでうまくいくというわけではありません。遺言書を書く時には、相続税が誰にいくら掛かりそうかとか、遺言書の他に検討しておくメニューがないかなどを考えなければなりません。

たとえば、息子に自宅を相続させ、その代わりに妻に預貯金全部を相続させるような場合、息子に手持ちの現金や預貯金がないのであれば、息子は相続税を支払うことはできないでしょう。

息子は、相続税を支払うために、せっかく遺言で相続した自宅を売却しなければならないかもしれません。こうなると、もはや何のために遺言書を書いたのかという疑問すら生じかねません。

相続税軽減のための養子縁組も有効

相続税の話も出てきましたが、相続や遺言に関する相談を受けていると、相続や相続税に備えて、生前に周到に準備されていることがいくつかあります。ここでは、相続税軽減のための養子縁組も、最高裁は有効と判断した判例を紹介します。

簡単に言えば、相続人が多い方が、相続税は掛かりにくいです。そのため、相続人を増やして相続税を軽減するために、養子縁組をすることが世の中にはあります。養子縁組をすれば、養子という子が増えることになるわけです。そして、この養子縁組の法的有効性が争われたのでした。

この事例について、東京高裁の2016年2月3日の判決は、結論として縁組の意思を否定し、このような養子縁組を無効としています。

「本件養子縁組は、A（祖父）や代諾権者であるB夫婦（養子となるCの両親）に真に養親子関係を創設する縁組意思がなかったことから無効といわざるを得ない」

高裁は、節税の動機と実体的な縁組の意思とは併存し得ないものと判断し、実体的な縁組の意思がないとして、無効と判断しています。

しかし、最高裁の2017年1月31日判決は、節税の動機と実体的な縁組の意思とは併存し得るものと判断し、有効と判断しています。

「相続税の節税のために養子縁組をすることは、このような節税効果を発生させることを動機として養子縁組をするものにほかならず、相続税の節税の動機と縁組をする意思とは、併存し得るものである。したがって、専ら相続税の節税のために養子縁組をする場合であっても、直ちに当該養子縁組について民法802条1号にいう『当事者間に縁組をする意思がないとき』に当たるとすることはできない」

養子縁組は主に養子のための制度ではありますが、節税の動機と併存してもいいことになったわけです。つまり、お金をもらう動機と実体的な縁組（婚姻）意思とは併存し得るのではないかということです。

特定贈与信託

さらに、遺言書を書く際に検討しておくとよいかもしれない別のメニューの1つとして、「特定贈与信託」というものがあります。

一般社団法人信託協会のホームページには、

「特定贈与信託は、障がいをお持ちの方の生活の安定を図ることを目的に、親族の方などが信託銀行等に金銭等の財産を預け、信託銀行等がその財産を管理するものです。

管理する財産は、特定障害者の方の生活費や医療費などとして定期的に金銭をお支払いするので、もしも、障がいをお持ちの方のご両親など、贈与した方がお亡くなりになっても、信託銀行等が引続き財産を管理・運用し、生活のための資金を交付することが可能となります」

と書かれています。

他にも、

「特定贈与信託は、特定障害者（重度の心身障がい者、中軽度の知的障がい者および障害等級2級または3級の精神障がい者等）の方の生活の安定を図ることを目的に、そのご親族や篤志家等が金銭等の財産を信託銀行等に信託する（つまり、信託銀行等に預ける）ものです」

「信託銀行等は、信託された財産を管理・運用し、特定障害者の方の生活費や医療費として定期的に金銭を交付します。また、万が一、特定障害者の方のご両親など贈与した方がお亡くなりになっても、特定障害者の方がお亡くなりになるまで信託銀行等が引続き財産を管理・運用するので、ご親族等亡き後の特定障害者の方の将来の生活に備えることが可能となります」

「通常、1年間に贈与を受けた額の合計額が110万円を超えると贈与税がかかりますが、この特定贈与信託を利用すると、特別障害者の方については6000万円、特別障害者以外の特定障害者の方については3000万円を限度として贈与税が非課税となります」

などの説明が記載されています。

私に相談してきた80歳くらいの母の件で、50歳くらいになる知的障害を持つ2人の子どものために、特定贈与信託を扱ったことがあります。

結果的に、贈与税が非課税で贈与できるので、財産を確実に渡したいというニーズに、かなりマッチしていると思います。ちなみに、信託銀行の職員からは、「相続税を軽減するためではないですよね」としつこく聞かれました。どうやら、相続税を軽減させるための利用はいけないらしいのです。

生命保険信託

これに対し、私も扱ったことはないのですが、「生命保険信託」というものもあるようです。死亡したあと、生命保険金が、障害のある子などに確実に渡るようにするための制度のようです。

生命保険信託を先駆けて実施したプルデンシャル生命のホームページには、以下のような記載があります。

「生命保険信託は、主に次のようなご要望をお持ちのお客さまにご利用いただけます。

1　幼い子供や心身の障がい、高齢などの理由により財産管理に不安のある家族や親族などのために、財産を確実に管理・保全しながら、生活資金や学費などその家族や親族などが必要とするときに必要な資金を受け取ることができるようにしたい。

2　法定相続にとらわれることなく、自分が経済的に支援したい人のために財産を活用できるようにしたい。

3　自分が亡くなった後も、一定期間、社会・公益のために財産を分割して寄付していきたい」

こういったものも選択肢の1つに入れておくといいかもしれません。

この他に、ペットのための信託というものもあるようです。「ペット信託」で商標登録もされているようです。少し長いですが、一般社団法人ファミリーアニマル支援協会のホームページに記載されているペットのための信託についての説明を引用しておきます。

「ペットのための信託は、飼い主さんのもしもの場合に備えられる仕組みです。あらかじめ財産の管理を信頼できる人や団体に託し、自分がペットを適切に飼うことができなくなってしまった時は、その財産から新しい飼い主に飼育費を支払い、ペットが幸せな生涯を送ることができるように契約を結び書面に残しておきます」

「皆さん、生命保険には入ってらっしゃいますか？　多くの方が、『はい』と答えるのではないでしょうか。何故生命保険に入っているのか。それは、『残された家族のため』でしょう。しかし、この『家族』には『人間』しか設定できないのが今の法律です。ご存知の通り、犬や猫は法律上は『物』であり、『ペットの犬や猫のために生命保険に入っている』という方はいらっしゃらないのではないでしょうか。しかし、万が一大切なペットを残して飼い主さんが亡くなってしまったら、不慮の事故で帰らぬ人となってしまったら、病気になり長期入院、自宅に帰れなくなってしまったら、ペットはどうなってしまうのでしょうか。そんな時に利用できるのがペットのための信託です。ペットのための信託とは、飼い主さんとペットを守る。まさに『ペットのための保険』のようなものなのです。

あらかじめ用意しておいたペットのためのお金を、お願いしている新しい飼い主、預かりさんに定期的にお渡しし、そのお金でペットのお世話をしてもらいます。ペットのための信託契約をしておくことで、自分がペットを最後まで面倒を見ることができなくなってしまった場合でも、そのペットのその後の生活、命を守る事ができます。なにより、万が一の事があった場合でもペットの事は大丈夫と思える準備をしておくことで、今のペットとの暮らしがより充実したものになるのではないでしょうか」

とのことです。とても興味深いですね。

争族から爽族へ

結局、この本では、数多くの事例を紹介しつつ、きちんとした遺言書さえあれば、紛争を防ぐことができたと言い続けているだけなのですが、もう1度言います。遺言書は、いますぐに書いてください。

きちんとした適式の遺言書を作ることにより、残された家族や親族は、遺産分割をする必要もその手間もなくなり、未然に争いが取り除かれ、心安らいだ気持ちで、あなたを見送ることができるのです。

数多くの遺言書の書き方に関する本は出ていますが、遺言書の作成は意外と難しいと思いますので、自筆証書遺言よりも公正証書遺言をお勧めしますし、専門家への相談もお勧めしておきます。これで万全です。

あなたを見送る争族が、爽族に代わる瞬間に立ち会うのです。ひょっとすると、これで天国へ行けるかもしれませんが、私には、よく分かりません(笑)。

第8章

改正相続法の要点

ここまで遺言書について、つらつらと書き連ねてきましたが、最後に最新の改正相続法について、要点を解説いたします。

改正項目の多くは2019年7月12日までに施行されます。ただし、自筆証書遺言の方式緩和は2019年1月13日から、配偶者居住権は2020年7月12日までに施行されることになっています。この本が出版された時点では、まだ施行されていませんので、ご注意ください。

そのため、この章に書いてあることを今覚えてしまうと、よくない部分もあるかもしれません。たとえば、自筆証書遺言の財産目録をワープロで書いてもよくなる点などです。あくまで、改正がなされるということを、覚えておくぐらいの方がいいと思います。

改正民法（相続法改正）

相続法制を約40年ぶりに大幅に見直す民法改正案（相続法改正案）が、2018年7月6日、参議院の本会議で、与党などの賛成多数により可決、成立しております。その直前の大きな改正としては、1980年に配偶者（夫または妻）の法定相続分（民法で定めた遺産の分け方の目安）を3分の1から2分の1に引き上げられたことがあり、それ以来の相続制度の抜本改正です。

今回の改正の主な目的は、「残された配偶者の老後の生活の安定化」です。後で詳しく述べますが、配偶者居住権などの制度名が付きました。また、これに合わせて「法務局における遺言書の保管等に関する法律」も成立しています。

実際の施行までには多少の時間的猶予があるものの、この改正によって相続がガラッと変わります。施行後は、「知りませんでした」では済まないケースも出てくるでしょう。円満な相続（爽続）とするために、ぜひ目を通しておいてください。

なお、今回の相続法改正のきっかけとなったと言われているのが、２０１３年9月にあった、最高裁による嫡出子（法律上の夫婦の間に生まれた子）と非嫡出子（法律上の婚姻関係にない男女の子）の相続分に関する違憲判決です。

最高裁は、非嫡出子の相続分を嫡出子の2分の1と規定していた当時の相続法を「法の下の平等に反する」（憲法14条違反）として違憲判決を出した結果、これを受けて、２０１３年12月には、国会で、嫡出子と非嫡出子の相続分を同等にする法改正がなされました。

この法改正により、非嫡出子の数が多いほど妻と嫡出子の取り分が減ることになるため、配偶者の保護が相対的に下がったなどと批判されていたところでした。

今回の相続法改正における7つの改正ポイントについて、説明していきます。なお、6番以外は遺言に限られず、相続一般の話ですので、その辺もご注意ください。

①配偶者居住権の創設～高齢化社会の急速な進展への対策

被相続人（亡くなった人）の配偶者は自宅の所有権がなくても住み続けられる、自宅から退去せずに済むというもので、今回の相続法改正における大きなテーマの1つです。

配偶者居住権とは、相続によって自宅の建物の所有権が他の相続人や第三者に渡ったとしても、被相続人の配偶者が自宅に住み続けられる権利をいいます。

つまり、住宅の権利を「所有権」と「居住権」に分割し、配偶者が居住権を取得すれば、所有権が別の相続人や第三者に渡っても自宅に住み続けることができるというものです。

具体例を使って説明してみます。夫A、妻B、長男Cという3人家族でしたが、夫Aの生前から、妻Bと長男Cとは仲がとても悪かったのです。そんな中で、夫Aが病気で亡くなってしまい、相続が発生します。夫Aの相続財産は、家族で長年一緒に住んできた借地上の建物と預貯金です。結果を分かりやすくするために、土地は借地にしておきました。

夫Aは、遺言書を書いていなかったため、残された妻Bと長男Cとで遺産分割協議をしなければならなくなりました。仮に、妻Bと長男Cが法定相続分に従って2分の1ずつ分けると、妻Bが自宅の建物を相続したいと考えた場合、妻Bが建物（及び借地の権利）、長男Cが預貯金を取得することになります。しかし、妻Bに預貯金などがないと、（借地権付き）建物だけを取得しても生活に困窮してしまう可能性があります。

このような場合、妻Bは、長年夫Aと一緒に住んできた思い出のあふれる自宅の相続を諦め、退去しなければならなくなってしまいます。長男と仲が悪いので、この可能性は高いと思います。しかし、妻Bが高齢の場合、新しく住む家を探すのは難しいですし、愛する夫の死亡後は特に精神的・肉体的にもシンドイと思います。

配偶者居住権は、このような事例を想定して設けられたものです。配偶者居住権により、建物の所有権を取得するわけではないものの、終身または一定期間、これまで通り自宅に住み続けることができます。ただし、配偶者居住権の財産的価値をどうやって算定するかについては、明確には定まっていません。

なお、配偶者が遺産分割の対象の建物に住んでいる場合、遺産分割が終了するまでは無償で住めるようにする「配偶者短期居住権」も設けられました。

②結婚20年以上の配偶者への自宅贈与〜住居を遺産分割の対象から除外

結婚20年以上の夫婦なら、配偶者が生前贈与や遺言で譲り受けた住居は「遺産とみなさない」という意思表示があったとして、遺産分割の計算対象から除外します。

もう少し正確に説明しましょう。被相続人から相続人が個別に財産をもらい受けることを「特別受益」と言います。今回の改正では、結婚後20年以上経過した夫婦の一方が死亡した場合、原則として被相続人からその配偶者（夫または妻）に対する自宅不動産の遺贈や生前贈与は、特別受益に当たらないとされ、相続財産に加算しない形で相続分を計算できるようになりました。

自宅不動産を取得した配偶者は、遺産分割の際に自宅不動産を相続分から差し引かれることがなくなるので、今までよりも多くの財産が取得できることになります。この場合、配偶者は住居を離れる必要がないだけではなく、他の財産の配分が増え、老後の生活の安定につなげることができます。

注意が必要なのは、あくまで所有者である被相続人の贈与または遺贈するという意思表示が必要なことです。つまり、不動産の所有権移転登記や、遺言書に書くなどの行為が必要となるのです。

また、適用されるのは、法律上の夫婦の場合だけです。いわゆる事実婚や内縁の場合には適用されないため、たとえば事実婚の妻に多額の生前贈与をすると、遺留分の侵害となる可能性もあります。その場合には、他の相続人に対し、もらいすぎた分を返さなければなりません。

③「使い込み」も遺産～遺産分割前の遺産範囲の見直し

相続人の間で、いわゆる使い込みの有無や金額を争う場合、これまでの相続法では使い込んだお金は、厳密には遺産とみなされてきませんでした。そのため、遺産分割調停などを扱う家庭裁判所では使い込み事案は扱わず、不服がある相続人は、不当利得の「返還請求」の訴訟や、横領などの不法行為に関し「損害賠償請求」の訴訟を、別途、地方裁判所に起こす必要がありました。

私も、遺産分割調停の中で、話し合いの材料として一人の相続人による横領を主張したところ、調停委員からは「どうしても主張を維持なさるなら、別個で地方裁判所でやってくださいね」とあしらわれたこともあります（笑）。

しかし、今回の改正で、使い込んだお金も遺産とみなすことが可能となったので、家庭裁判所においても、使い込み事案の審理がなされるようになりそうです。この場合、別個で地方裁判所に訴訟提起する手間や費用が浮くことになります。

④預貯金の「仮払い制度」～生活費や葬儀費に困らないように

被相続人（亡くなった人）が遺産として普通預金を残していた場合、もともとの裁判所の考え方は、人の死亡（相続開始）によって、その預金は何の手続きがなくても相続人に分割されるというものでした。金銭債権は分割可能であることが理由でした。

そのため、父と子A、子Bの3人家族の場合で、父が200万円の普通預金を残して死亡すると、子Aと子Bとの間で遺産分割協議をしなくても、100万円ずつを銀行に求めることができると考えられていました（ただし、裁判による判決の場合などでなければ、通常の銀行実務は遺産分割協議書を要求していましたので、実際は、遺産分割協議を経る必要がありました）。

しかし、２０１６年12月、最高裁は、普通預金は相続が開始されても当然に分割されるわけではないという趣旨の判決をしました。先ほどの事例で言えば、子Aと子Bが遺産分割協議をするまでは、単独では銀行に対し払い戻しを求めることはできないことになりました（結果としては、それまでの銀行実務を追認することになったわけです）。

そのため、この影響で、理論的にも、死亡による口座凍結により葬儀費用や当面の生活費も引き出すことができなくなるという不都合が生じました。

今回の改正では、預金額の3分の1に法定相続分をかけた金額で、かつ金融機関ごとに法務省令で定められた金額を上限として、遺産分割を経ないでも銀行に払い戻しを求めることができるようになります。「仮払い制度」が新設されたわけです。

⑤「遺留分侵害額請求権」の新設～取られ過ぎた分をお金で請求

「遺留分」については、前章までに説明をしてきたところです。つまり、現行の相続法は、被相続人（死亡した人）の兄弟姉妹以外の相続人（配偶者、子・孫または親・祖父母）に最低限の相続取り分（遺留分）を認めており、遺言によってもその取り分は侵害されません。

すなわち、現行の相続法は、遺留分の権利者に対して財産そのものを返すことを原則としており（遺留分減殺請求権）、相続財産が土地・建物のような可分でない物の場合には不都合が生じていました（ただし、現行法でも価格賠償として遺留分相当の金銭を支払うことで遺留分を返還する義務を免れることはあり得ますが、金銭の支払いが終わるまで物の所有権は返還されません）。

しかし、改正後は遺留分の権利を行使すると、相続財産自体に対する権利ではなく、それに相当する金銭の支払いを求める権利（金銭債権）を得ることになりました（遺留分侵害額請求権）。この新法により、金銭の支払いを待たなくても、最初から物の所有権を取得することになります。

⑥自筆証書遺言の方式緩和～自筆の遺言で一部がワープロ使用可能

自筆証書遺言は「全文を自書する」（手書きする）ことが成立要件とされます（民法968条）。そのメリットは、ペンと紙と印鑑があれば、言わばお手軽に作ることができる点にあります。

公正証書遺言が、公証役場で遺言の有効性を確認してもらう代わりに遺産の総額に応じた公証役場への手数料が発生することと比べると、このような費用も掛けずに作成することができます。

これに対し、自筆証書遺言のデメリットとしては、遺言書の本文や財産目録などを作成者がすべて手書きしなければならず、方式の不備を理由として遺言書が無効になりやすいことがあります。

また、公正証書遺言と異なり、遺言書を公証役場で保管するわけでもないので、遺言書が発見されなかったり、破れたり（破棄）、勝手に書かれたり（偽造）することもあります。

そのため、自筆証書遺言は、遺言者（遺言書を作成する人）が病気などの時は作成にかかる負担が決して軽くありませんでした。また、誤字等によるトラブルも起きていました。今回の改正では、こうしたデメリットが減ると期待されています。

まず、財産の一覧を示す「財産目録」の部分については、自筆の代わりにワープロで作成することが可能になりました。負担軽減による遺言の普及と誤字脱字等によるトラブル防止が期待できます。

そもそも、財産目録を作成する目的は、作成者が相続させようとする相続財産を、不動産なら地番・家屋番号、土地面積など、預貯金であれば銀行名・口座番号などによって明確に特定することにあります。そのため、遺言書の内容があいまいで、相続財産の特定が不十分だと、譲り渡す財産が何かが分からなくなってしまいます。その結果、土地や建物であれば、相続登記ができないといった事態が生じてしまいます。これでは、相続できていないに等しいです。

これまで、財産を特定するには、このような1つ1つの相続財産について、詳細な事項を記載しなければならず、すべて手書きするのはあまりにも煩雑に過ぎました。

今回の相続法改正により、財産目録をワープロやパソコンで作ることが可能になりました。ただし、注意しなければならないのは、財産目録の各ページには署名と押印をしなければならないことです。これを欠くと、遺言書が方式不備として無効になってしまいます。

また、「法務局における遺言書の保管等に関する法律」も成立しました。これにより、自筆証書遺言を法務局で保管できるようになります。

自筆証書遺言には、遺言書の存在が相続から何年も経過した後に発見されて遺産分割協議がやり直しになったり、発見した者が変造したり破棄したりしてしまって遺言が執行されないという危険が付き物でした。そこで、法務局が自筆証書遺言を保管する制度が設けられました。

また、法務局では、以下のとおり、自筆証書遺言は家庭裁判所における「検認」（民法１００４条）についても見直しをしています。

1）保管制度

公的機関である全国の法務局で保管できるようにして、相続人が遺言の有無を調べられる制度を導入します。

2）検認制度の不要

自筆証書遺言を法務局に預けた場合は、家庭裁判所で相続人が立ち会って内容を確認する「検認」の手続きを不要にします。これにより、速やかな遺言の執行が期待できます。

⑦被相続人の介護者の「特別の寄与」～相続人以外にも介護の報酬

今回の法改正により「特別の寄与」という新しい制度が誕生しました。被相続人（死亡した人）の相続人でない親族が、被相続人のために無償で「療養看護」などをした結果、被相続人の財産が維持されたり、または増加したりするなどの貢献があった場合に、その親族（特別寄与者）は、各相続人に対し、金銭（特別寄与料）の支払いを請求することができるという制度です。超高齢化社会の進行に対応したものとすら言えましょう。

これまでは、長男の妻などが被相続人を献身的に介護したとしても、相続の場面では遺言がないと、貢献に対する報酬などは考慮されませんでした。長男の妻は法律上の相続人でないためです。ただし、長男に対する相続分に寄与分を反映させることで、言わば間接的に長男の妻の貢献への配慮は一応されてきていました。

しかし、夫婦であるといっても、それぞれ独立した個人ですし、どうして介護で苦労した妻ではなく、その夫である長男に遺産が多く分けられるのか、現代の社会状況からして、納得のいく説明をすることはできません。また、長男が先に死亡していた場合には、寄与分すら考慮されません。そこで、今回の「特別の寄与」という制度が設けられました。

つまり、相続権のない6親等以内の親族（いとこの孫ら）以内の血族と、3親等（甥や姪）以内の配偶者が介護などに尽力した場合、相続人に金銭を請求できる制度です。ただし、事実婚や内縁など、戸籍上の親族でない人は従来どおり請求できません。

以上の7つについて再確認ですが、改正民法（相続法）は、それぞれ次の日から施行（実施）されます。

1　公布の日から6カ月を経過した日（2019年1月13日）から
　自筆証書遺言の方式緩和

2　公布の日から2年を超えない範囲内において政令で定める日（2020年7月12日までに）
　配偶者居住権

3　公布の日から1年を超えない範囲内において政令で定める日（2019年7月12日までに）
　婚姻20年以上の夫婦の優遇策
　仮払い制度
　等の（「自筆証書遺言の方式緩和」と「配偶者居住権」以外の）改正。

これらの相続法の改正については、従来の相続法についての理解も必要であるので、弁護士でも理解できていない人がいるくらい難しいものだと思います。ですから、頭の片隅に置いておく程度でいいと思います。

おわりに

「いますぐ遺言書を書きなさい」なんていう、上から目線のタイトルを使ってしまいました（笑）。でも、これくらいキャッチーなタイトルの方が面白いかなと思っております。

普段、私は弁護士業界や裁判業界の専門用語であることを意識もせずに使っているので、今回の一般の方向けの本書でも、原稿を書いている時に、専門用語であることを何も意識せず、何の解説も付けずに、そのまま使っている箇所が多くありました。

また、初期原稿の段階では、いろいろな話を盛り込もうとするあまり、遺言書だけでなく、相続の話すら飛び越えてしまい、いろんな分野に話が飛んで分かりにくくなっていました。

そこで、出版社の方の協力を得ながら、何回も読み直して加筆・修正をしましたので、結果的には、何とか分かりやすくなったものと自負しております。

今回の本の中で、第8章では改正相続法について解説する必要がありました。私も、まだ施行されていない改正法について詳細に調べたために、かなり詳しくなりました。

この本を読んだ結果、いますぐ遺言書を書くべし！　という気持ちになっていただければ、私にとっては最高の喜びですし、この本を書いたことの何よりの報酬です。

事前準備によって未然に防ぐことのできる紛争を、未然に防ぎながら、その結果として、その分の余裕で、面白おかしく人生を過ごすことは、まさに「戦わずして勝つ」の精神そのものです。紛争はいったん起これば、かなりの確率で泥沼化します。しかし、そうなってからでは、もはや手遅れです。その後に解決したとしても、親族間には、どこかに必ず遺恨が残ります。

読者の方々も、遺言や相続のことで、ご相談・ご依頼があれば、ぜひ、弁護士大瀧靖峰をご用命ください。もちろん、他の法律分野のご相談・ご依頼でも、大歓迎です。

私のホームページのURLは、こちらになります。

「http://otaki-yasumine.kaisya.info/」

「戦わずして勝つ　弁護士」で検索していただいても、出てくると思います。

最後になりましたが、マイナビ出版の田島孝二さんには、本書の原稿を書くにあたり、継続的な励ましをいただき、感謝の念に堪えません。ありがとうございます。また、本の出版全般についてアドバイスをくれた海城高校時代の同級生であるファイナンシャル・プランナーの小山信康くんにも、この場を借りてお礼を申し上げます。

以上、この本全体を通じて、私の〝人となり〟を余すところなく書くことができましたでしょうか。どこかでお会いした時には、（つまらなかった、役に立たなかったというご感想の場合には、（小声で）この本のご感想を聞かせていただけると幸いです。

参考文献

『週刊エコノミスト』「変わる！　相続法　変わる家族の形を反映　40年ぶり相続法大改正」（毎日新聞出版、２０１８年8月7日号）

【号外】相続がガラッと変わる！～改正民法が成立
竹内豊 行政書士
https://news.yahoo.co.jp/byline/takeuchiyutaka/20180706-00088387/

40年ぶりの見直し！　相続分野における民法改正案で２０２２年春にはこう変わる
弁護士法人プラム綜合法律事務所
梅澤康二 弁護士
https://souzoku-pro.info/columns/187/

●著者プロフィール
大瀧靖峰（おおたき・やすみね）
1977年1月生まれ。東京大学法学部第1類（私法コース）卒業。専修大学大学院法務研究科法務専攻修了（法務博士）。丸ビル綜合法律事務所パートナー（共同経営）弁護士。遺言、相続、成年後見などの家族法分野から、交通事故、不動産取引などの一般民事分野、中小企業の企業法務まで、幅広く対応する。障害のある人の権利擁護の分野に関しては、弁護士会から、地方公共団体での会議にも派遣されている。

マイナビ新書

いますぐ遺言書を書きなさい

2018年10月31日　初版第1刷発行

著　者　大瀧靖峰
発行者　滝口直樹
発行所　株式会社マイナビ出版
〒101-0003　東京都千代田区一ツ橋2-6-3　一ツ橋ビル2F
TEL 0480-38-6872（注文専用ダイヤル）
TEL 03-3556-2731（販売部）
TEL 03-3556-2735（編集部）
E-Mail pc-books@mynavi.jp（質問用）
URL http://book.mynavi.jp/

装幀　小口翔平＋山之口正和（tobufune）
DTP　富宗治
印刷・製本　図書印刷株式会社

　ISBN978-4-8399-6684-3
Printed in Japan